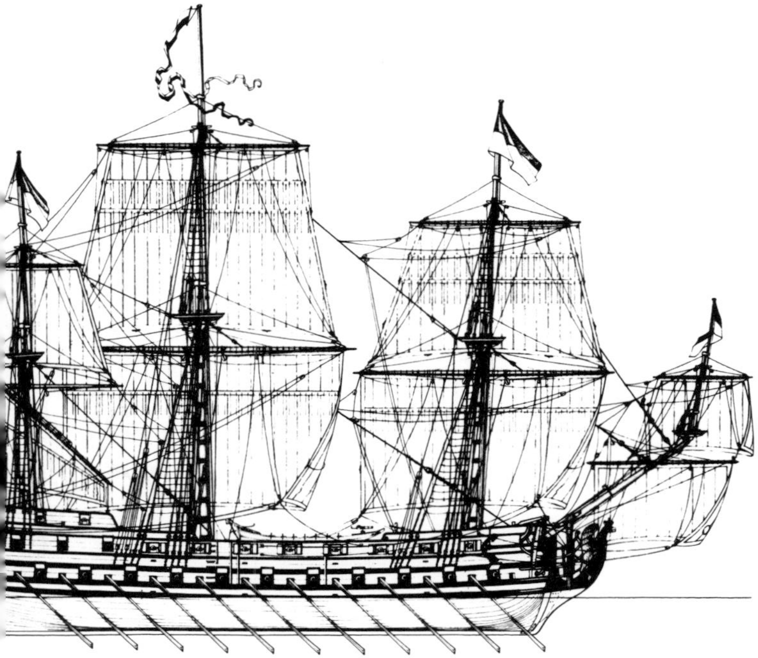

Kurt Schaefer

Historische Schiffe in Wien

neuer wissenschaftlicher Verlag

Marine

Wien 2002

**Gedruckt mit Unterstützung des Bundesministeriums
für Bildung, Wissenschaft und Kultur in Wien**

Abbildungen

Umschlag vorne: Collage aus zwei Zeichnungen von Kurt Schaefer mit dem Leibschiff Kaiser Karls VI. (im Vordergrund) und der Fregatte THERESIA (im Hintergrund)

Vorsatz: Collage aus mehreren Schiffszeichnungen von Kurt Schaefer.
1. Reihe von links nach rechts: Donau-Prahm des Vizeadmirals St. Saphorin; Donau-Prahm S. LEOPOLDUS; Donau-„Galeasse“ für Armament Lucca Comte Pallavicini;
2. Reihe von links nach rechts: „Welsches“ Donauschiff; Hilfskriegsschiff für den Türkenkrieg 1788–1790, nach dem Vorbild des Heppschen Schiffes gebaut; Fregatte THERESIA.
Die Maßstäbe der Zeichnungen sind für die Collage bewußt nicht einander angepaßt worden

Nachsatz: Schiff des Matthäus Hepp, gleichzeitig k. k. Hofkommissionsschiff aus dem Jahre 1769 (Skizze von Kurt Schaefer)

Abbildung vorhergehende Seite: Heck des Modells der THERESIA von Kurt Schaefer im Maßstab 1:20

Die Deutsche Bibliothek – CIP-Einheitsaufnahme

Historische Schiffe in Wien / Kurt Schaefer, - Wien : NWV, Neuer Wiss. Verl., 2002
ISBN 3-7083-0037-8

ISBN 3-7083-0037-8

Argentinierstraße 41/6, A-1040 Wien
Tel.: ++43 1 535 61 03-0*, Fax: ++43 1 535 61 03-25
e-mail: office@nwv.at

Inhaltsverzeichnis

Donauweibchen-Brunnen (von Fernkorn) im alten
Bankgebäude Wien I., Freyung/Herrengasse

Vorwort

Hört man das Wort „Hamburg“, ist sofort die Gedankenverbindung mit Hafen, Meer und Schiffen gegeben. Hört man das Wort „Wien“, denkt man an Walzer, Johann Strauß und Kaiser Franz Joseph, aber nie an Schiffe, wo doch Wien nicht einmal an der Donau, sondern an der Ringstraße liegt, wie einmal humorvoll treffend behauptet wurde! Die moderne Idee, Wien mit ein paar häßlichen Hochhäusern an die Donau zu rücken, ist von vornherein zum Scheitern verurteilt. Wien – und was den Begriff „Wien“ ausmacht – bleibt an der Ringstraße! Und doch gibt es in Wien eine Geschichte der Schiffahrt, die weit in die Vergangenheit zurückreicht!

Die ältesten Zeugen einer Binnenschiffahrt wurden allerdings nicht in Wien, sondern in Bayern und den Gebieten des Laibacher Moores in Form von Einbäumen und Bretterschiffen gefunden. Zeichnungen aus dem 18. Jahrhundert zeigen Einbäume der Save und Kulpa. Die Fahrzeuge im Raum Wien dürften vermutlich ähnlich ausgesehen haben.

Aus der römischen Antike sind an der Trajanssäule in Rom Reliefs erhalten, die Liburnen zeigen, die vermutlich in den großen Militärlagern am Limes, also der Donau als Grenze gegen Germanien, stationiert waren.

Erst um 1529 finden wir im berühmten „Meldemann-Plan“ wieder Schiffsdarstellungen, die eine Rekonstruktion ermöglichen.

Dieser Plan, vom Stephansturm aus gezeichnet, zeigt die Situation während der ersten Türkenbelagerung rund um Wien, weshalb der Plan rund ist. Jahrhundertelang dauerten die Kämpfe gegen die immer wieder vordringenden Türken, die bereits 1540 eine beachtliche Kriegsschiffmacht auf der Donau errichtet hatten, der von kaiserlicher Seite mit gleichen Mitteln begegnet werden mußte. Trotzdem gab es keine fixen Kriegsflotten, sondern „Armamente“ (= bewaffnete Kriegsschiffe), die nur im Kriegsfall gebaut und nach Ende des jeweiligen Feldzuges meistens aufgelassen wurden. Im Laufe der Zeit entstanden sehr verschiedene Schiffstypen, die je nach Herkunft des jeweiligen Befehlshabers spanischen, italienischen, deutschen und schwedischen Vorbildern entsprachen. Das Seeschiff hatte gegenüber einem Binnenschiff ungleich höheres Ansehen. Daher wurde immer wieder versucht, den Donauschiffen das Aussehen von „Meeres-Schiffen“ zu geben.

Ein Fehler, den man immer wieder machte: Ein Schiff, das die Meere befahren kann, muß doch auf der Donau um so besser sein! Diese falsch verstandene Praxis fand erst 1768 ihr Ende, als das letzte große Segelkriegsschiff, die Fregatte THERESIA, ihre Fahrt von Klosterneuburg nach Peterwardein nur mit allergrößten Schwierigkeiten bewältigte. Ebenso erging es den Schiffen von S. Saphorin 1697, Prinz Eugen 1717 und Lucca Comte Pallavicini 1736.

Ab 1768 gab es nur noch leichte Ruderschiffe mit Hilfsbesegelung, die sogenannten Tschaiken, und ab 1819 auch Canonierbarquen, die bis zum Ende der Holzkriegsschiffe um 1856 in Verwendung waren, obwohl bereits 1818 das erste brauchbare Dampfschiff CAROLINA in Wien die Donau befuhr.

Über die Jahrhunderte hinweg fungierte das im Binnenland gelegene Wien als Zentrum der Schiffahrt auf der Donau. Diese historische Donau-Handelsschiffahrt bestand aus bodenständigen Zünften und hatte mit „Marine“ nichts zu tun. Das geht schon daraus hervor, daß Bezeichnungen wie Bug, Heck, Backbord, Steuerbord etc. an der Donau nie gebräuchlich waren, wenn man von den wenigen Jahren unter deutscher Besetzung zwischen 1938 und 1945 absieht. Hätte man in dieser Zeit statt Knoten Knopf oder statt Tauwerk Seil, Schnur oder statt Takelgarn gar Spagat gesagt, wäre das Grund genug gewesen, den Mann „kielzuholen“! Die Zunft der Schoppermeister war jene, die den eigentlichen Bau der Donauschiffe durchführte (schoppen = abdichten), während die Schiffmeister die Transportunternehmer waren und mehrere Schiffe oder ganze Schiffzüge

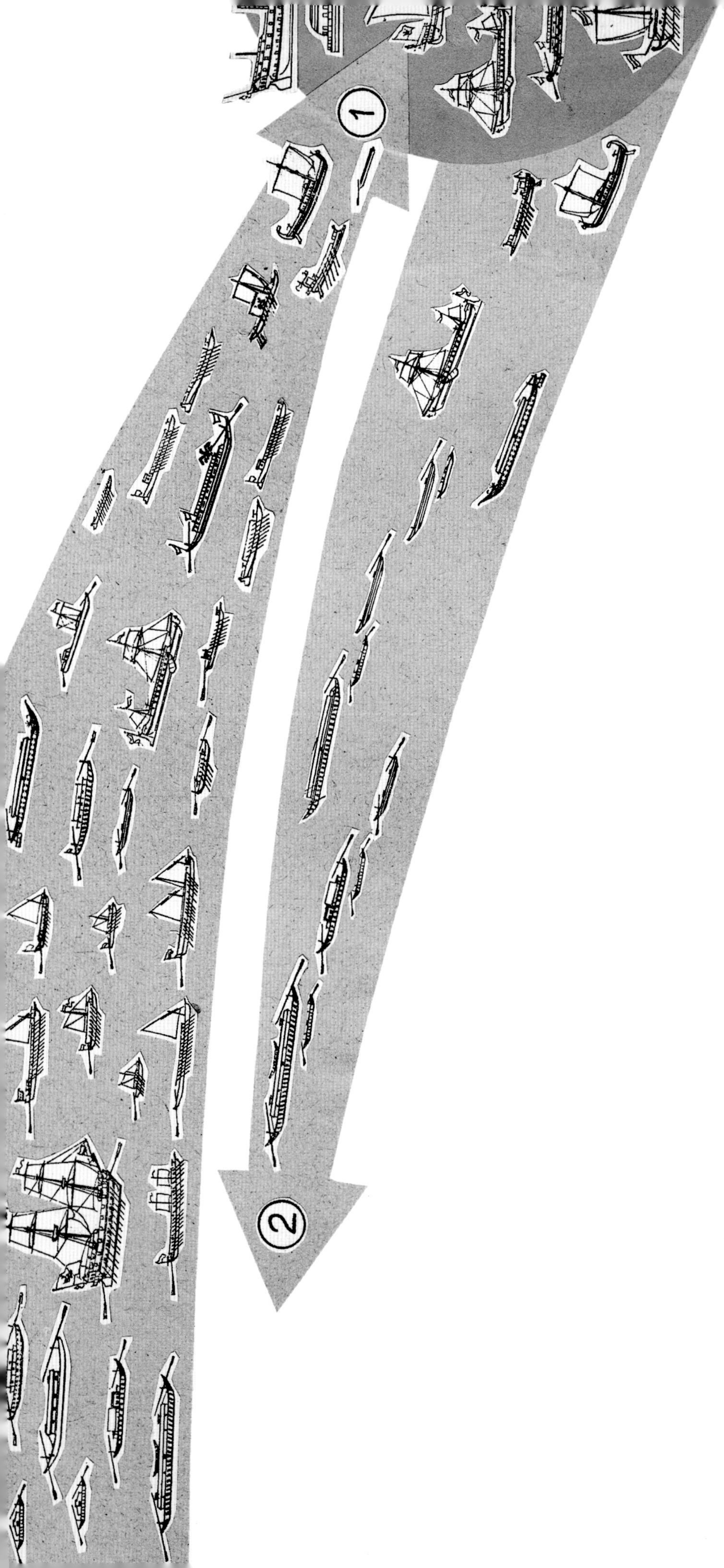
1
2

Holzschiffe bis zum Anfang des 20. Jahrhunderts
Wien als Scheidepunkt zwischen der Schiffahrt der oberen und mittleren Donau

1 Schiffe, die nauwärts nach Wien kamen
2 Schiffe, die bergwärts von Wien abgingen
3 Schiffe, die nauwärts von Wien abgingen
4 Schiffe, die bergwärts nach Wien kamen
5 Schiffe, die in Wien gebaut wurden

„Nauwärts“ ist die Richtung, in die sich eine „Nau“ (= Schiff) von alleine wendet, also: stromabwärts

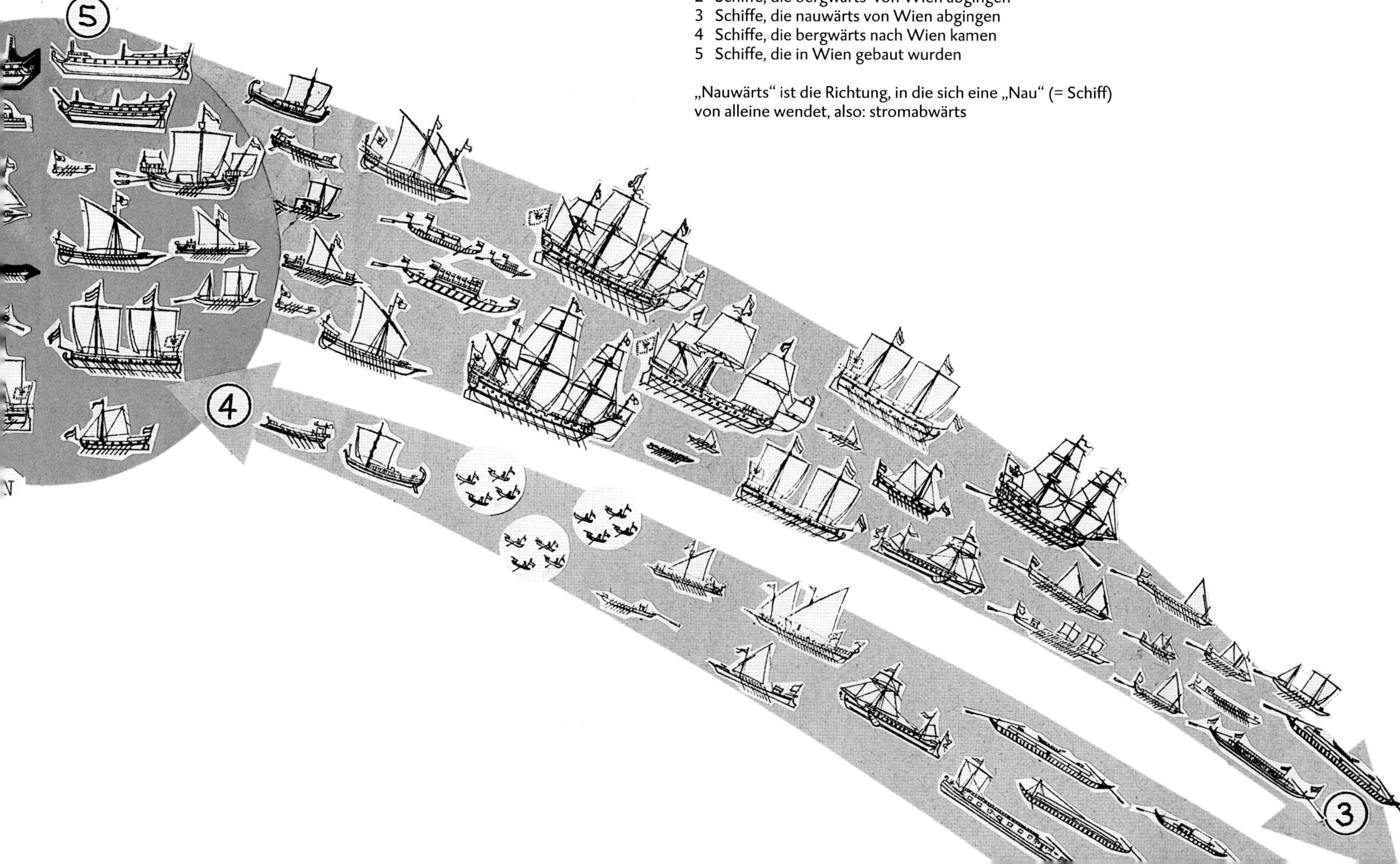

besaßen, deren Fahrbereiche genau festgelegt waren. So durfte z.B. ein Linzer bis Wien fahren, wo er sein Schiff mit oder ohne Ladung an einen Schiffmeister, dessen Fahrbereich weiter unten lag, verkaufte, bis am Endpunkt der Fahrt das Schiff zu Brennholz zerschlagen wurde.

Stabiler gebaute Schiffe wurden manchmal mit Pferden wieder stromauf gezogen, wenn Ladegut vorhanden war. Oft endete aber die Fahrt bereits in Wien. Dort befand sich beim Rotenturmtor das „Lärnpecheramt“, eine amtliche Institution, die über das Vorverkaufsrecht für Schiffe verfügte, um für den „Aerar“ (militärischen Gebrauch) immer genügend Schiffe zu haben. Dort wurde auch in Maria-Theresianischer Zeit die „Brandmarkung“ vorgenommen. Dies war ein amtlicher Brandstempel, der die Fahrtauglichkeit der Schiffe jährlich bestätigen mußte, um Unfälle mit alten oder schlecht gebauten Schiffen zu vermeiden. Die Gebrauchsdauer von Schiffen war meist auf drei Jahre begrenzt. Unbrauchbare Schiffe wurden dann vom „Plättenschinder“ zu Brennholz zerschlagen. Die Bedeutung der zivilen Schiffahrt geht unter anderem auch daraus hervor, daß Schiffleute nicht als Rekruten eingezogen wurden.

Wien war also tatsächlich ein Schiffahrtszentrum: einerseits als Endpunkt der stromabwärts kommenden Schiffe, andererseits als Ausgangspunkt für die Schiffzüge, die Waren stromaufwärts brachten, aber auch als Ausgangspunkt für die Fahrten nach Osten, sowohl in der Handelsschifffahrt als auch bei den militärischen Operationen gegen die Türken, bei denen Kriegsschiffe beteiligt waren.

Wien war und ist jener Punkt, der die Schiffahrt der oberen und mittleren Donau scheidet. Aber nicht nur das. Joseph II. förderte zum Beispiel alle Reisen im Bereich der unteren Donau, um zum einen den Kriegsschauplatz, zum anderen den Handelsweg nach Südosteuropa erforschen zu lassen. Die dadurch gewonnenen Berichte und dabei aufgenommenen Karten wurden daher in Wien archiviert. Daher gibt es in der österreichischen Bundeshauptstadt mehr Urkunden und Archivmaterial über die Schiffahrt der unteren Donau des 18. Jahrhunderts als etwa in Rumänien.

Donauweibchen-Brunnen, Stadtpark Wien, Hans Gasser, 1856

I. Die Schiffahrt in Wien von der prähistorischen Zeit bis zum Ende des Mittelalters

1. Funde aus der prähistorischen Zeit

Ein großer Strom hat seine Geschichte, deren Zeugen sich schließlich im Dunkel der Zeitläufe verlieren. Relikte aus vergänglichen Materialien konnten sich nur dort erhalten, wo günstige Bedingungen herrschten. Holzgegenstände haben sich über die Jahrtausende hinweg sowohl in trockenen Pharaonengräbern als auch am Grund mancher Seen als Reste prähistorischer Pfahlbauten erhalten. Ob sie versteinerten oder als schwammiges Gewebe überdauert haben, hängt von der chemischen Zusammensetzung des Wassers ab. In einem Fluß kommt aber noch die mechanische Kraft der Strömung hinzu. Die Donau hat zumindest im Oberlauf eine beachtliche Strömung, die imstande ist, in relativ kurzer Zeit das Wrack eines Holzschiffes völlig zu zerstören. Ein Beispiel dafür ist der Schiffsfund von Altenwörth, dessen aufragende Holzteile innerhalb von 160 Jahren fast völlig abgeschliffen wurden (Rekonstruktion der Originalteile und Modell im Schiffahrtsmuseum Spitz/Donau).

So ist es also kein Wunder, daß Schiffsreste aus früheren Jahrtausenden in der Donau so gut wie nicht erhalten sind. Reste von Einbäumen und Bretterschiffen aus der Eisenzeit wurden in den Mooren des weitläufigen Donaugebietes gefunden. Einbäume waren auf Save und Kulpa lange im Gebrauch, was zeitgenössische Zeichnungen aus dem 18. Jahrhundert belegen.

Funde von prähistorischen Einbäumen im nahen oder weiteren Donauraum wie jener bei Michaelibad (München) gefundene, grob in Trogform zugehauene Eichenstamm aus eisenzeitlicher Epoche sind selten. Es ist anzunehmen, daß die Wasserfahrzeuge dieser Zeiten auch im Gebiet der heutigen Stadt Wien ähnlich ausgesehen haben.

Einbaumreste sind auch aus Inn und Salzach bekannt. Vereinzelt wurden Einbäume noch im 20. Jahrhundert (z.B. am Mondsee, OÖ.) gebaut. Sie waren für die Netzfischerei sehr gut geeignet, da die Schale des Einbaumes innen glatt und ohne hinderliche Spanten war, an deren Köpfen sich sonst die Netze verfangen konnten.

2. Römische Kriegs- und Handelsschiffe

Taten berühmter Menschen wurden meist in irgendeiner Form festgehalten, früher in Stein oder Ton, heute auf CD-Datenträger. Das spiralenförmige Reliefband der römischen Trajanssäule entspricht einem heutigen Filmband im sehr dauerhaften Material seiner Zeit: Stein! – Saxa loquuntur! – So erzählt uns dieser Steinfilm von den Geschehnissen am römischen Limes, der Donaugrenze gegen Germanien. Zum Schutz dieser Grenze mußten genügend Schiffe zur Verfügung stehen, leichte Schiffe mit möglichst vielen Rudern: die Liburnen.

Die Reliefs sind so realistisch, daß eine Rekonstruktion dieser Schiffe mit großer Wahrscheinlichkeit möglich ist. Wie man entnehmen kann, handelte es sich um Bretterschiffe, die über Kiel, Steven und Spanten gebaut waren, eine Bauweise, die durch zahlreiche Funde von Wracks aus dieser Zeit bestätigt wird. Die Liburnen hatten keine Besegelung, die auch auf Donauschiffen aus späteren Zeiten – bis auf wenige Ausnahmen – ebenfalls nicht üblich war. Bei ungünstigen Wind- und Strömungsverhältnissen auf der oberen Donau waren Segel eher hinderlich als nützlich. Die Fortbewegung erfolgte durch Seitenruder (lat. remus), wovon sich das Wort „Riemen“ ableitet, das sich aber an der Donau nie durchsetzte. Die Ruder auf

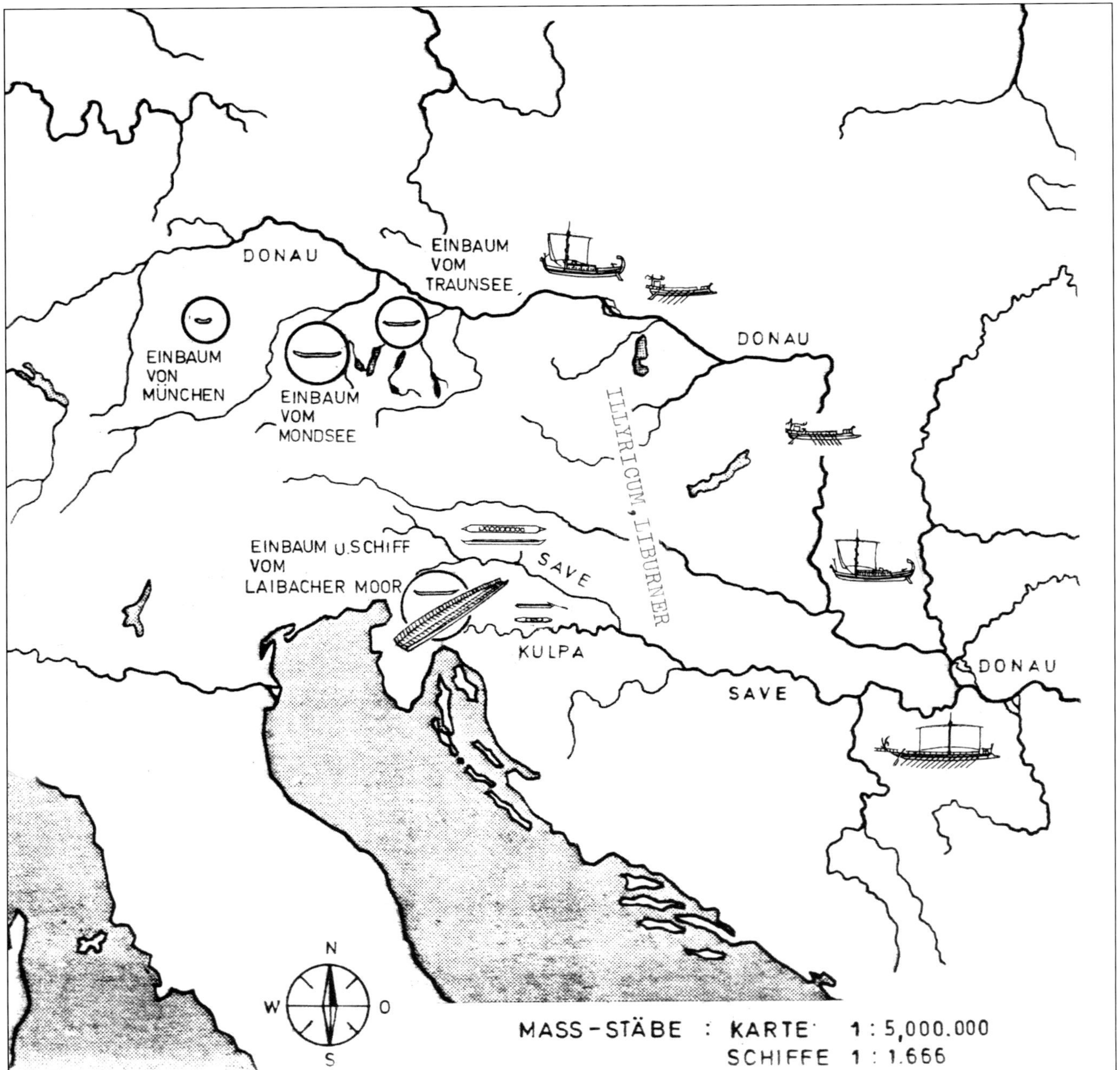

Prähistorischer Einbaum (Fu

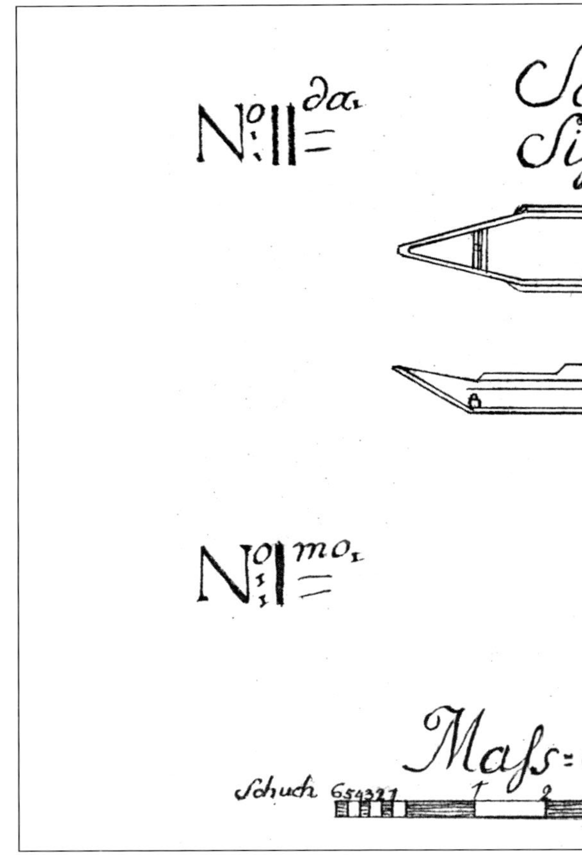

Im Wiener Hofkammerarchiv sind schematische Zeichnungen von Einbäumen und Bretterschiffen erhalten, wie diese im 18. Jahrhundert auf allen Flüssen verwendet worden sind.
Nr. I zeigt einen eichenen Einbaum, wie er an der Culpa 1769 üblich gewesen ist, Nr. II ein Bretterschiff

Michaelibad bei München)

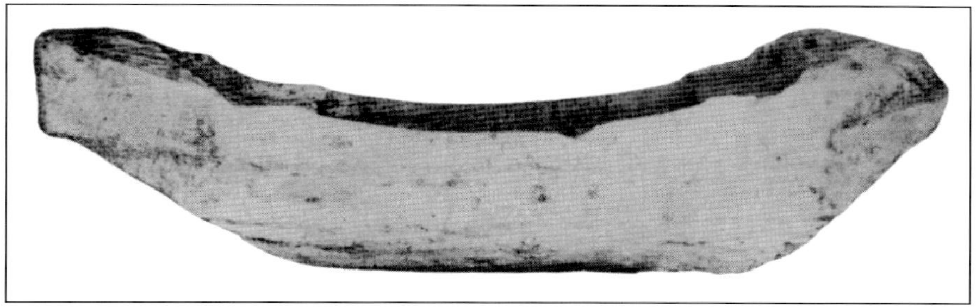

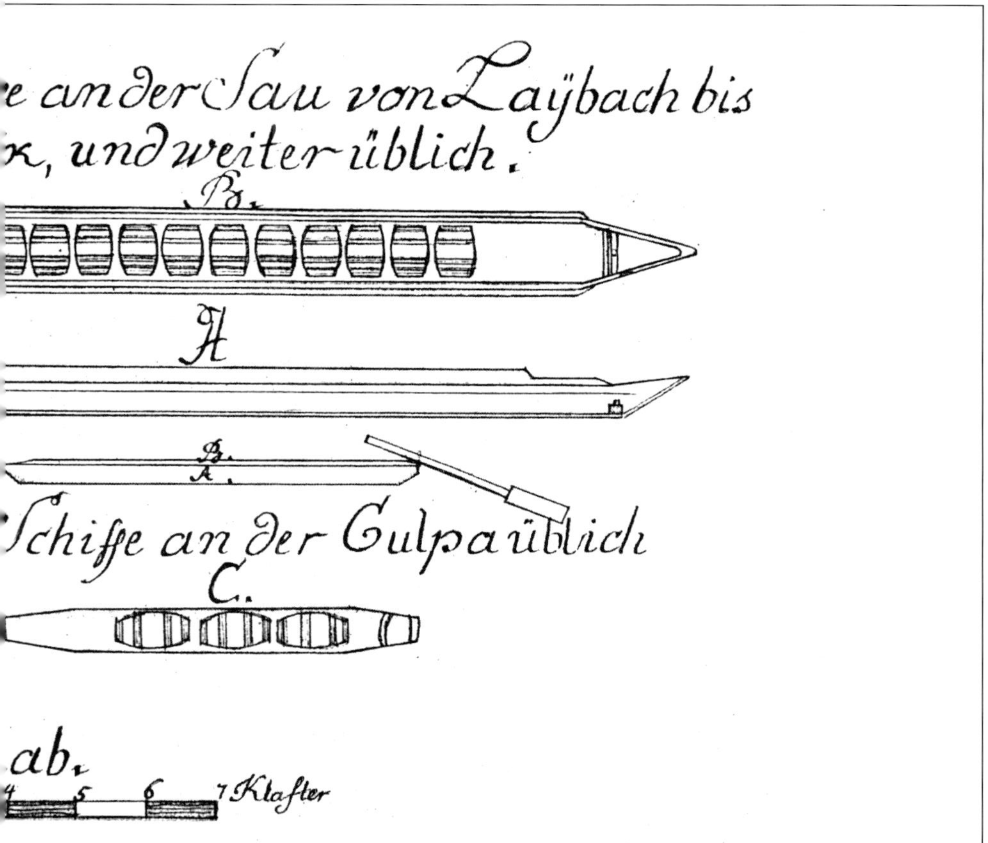

von der Save aus weichem Holz „zusammengezimmert". Die Seitenwände der beiden Fahrzeuge waren mit Feil-Brettern (B) als Wellenschutz erhöht. Die Ladung war zu ihrem weiteren Schutz in Fässern verpackt. Die Verwendungsdauer der Schiffe betrug nur fünf bis sechs Jahre.

Ähnliche Fahrzeuge könnte es schon in vorrömischer Zeit auch an der Donau gegeben haben

Liburnen waren auf zwei Ebenen angeordnet. Römische und griechische Seeschiffe dieser Zeit hatten meist zwei bis drei Ruderreihen übereinander und wurden als Beremen oder Trieren bezeichnet.

Die Prora, das Vorderteil des Schiffes, hatte eine Ramme, wie Seeschiffe. Auch die „Augen", die dem Schiff als Lebewesen die Navigationsfähigkeit verleihen sollten, durften nicht fehlen. Eine lateinische Bezeichnung für Kriegsschiff war unter anderem „pristix", was so viel wie Seeungeheuer bedeutet. Diese Augen haben sich auf mediterranen Schiffen bis heute erhalten. In der puppis, dem Schiffsheck, befand sich ein gedeckter Stand für den Schiffsführer. Die Steuerung erfolgte mittels ein- oder beidseitig angebrachter Steuerruder.

In der sehr spärlichen Überlieferung über die römische Donauschiffahrt fehlt zwar der Beweis, daß Liburnen auch in Vindobona waren. Auszuschließen ist es dennoch nicht, zumal die Darstellungen auf den Reliefs Liburnen ohne Segel zeigen. Dieser Umstand läßt eine Verwendung an der oberen Donau als möglich erscheinen. Arelape, das heutige Pöchlarn, war der Haupthafen der römischen Flotte an der oberen Donau. Liburnen waren hauptsächlich am sogenannten Ister, dem Unterlauf der Donau, und in den Häfen des Schwarzen Meeres stationiert, wo sie – ausgerüstet mit Segeln – als Schnellsegler eingesetzt wurden.

Um 101 n. Chr. wurde unter Kaiser Trajan ein Treppenweg durch die senkrechten Felswände der Kasanschlucht gehauen, woran noch heute die dort angebrachte „Trajan-Tafel" erinnert. Somit war ein durchgehender Treppelweg vom Ursprung der Donau bis ins Schwarze Meer gegeben. Die Römer waren also das einzige Volk in der bisherigen Geschichte, das die Donau in ihrer ganzen Länge beherrschte.

Die römischen Handelsschiffe konnten auf der unteren Donau segeln, wurden aber auch stromaufwärts gezogen. Das Zugseil (Z – vgl. die Abbildung auf S. 15) lief über eine Leitschlinge (L – vgl. die Abbildung auf S. 15), die am Mast befestigt war, um den seitlichen Zug des Seiles auszugleichen. Gezogen wurde damals meist mit Menschenkraft, so daß solche Schiffe den ganzen Danubius befahren konnten und daher auch nach Vindobona kamen.

Zu „Unna“: Schreibweise im 18. Jahrhundert mit „nn“ lt. zeitgenössischem Plan (Kriegsarchiv Mem. 15/1684) von 1783 mit dem Vermerk „Türkei“. Es muß sich daher um denselben Fluß handeln, der im Handatlas, Andree (1899) mit „Una“ beschrieben ist

KORAB

GROSSER EINBAUM
UNNA-FLUSS (UNA)
17 83

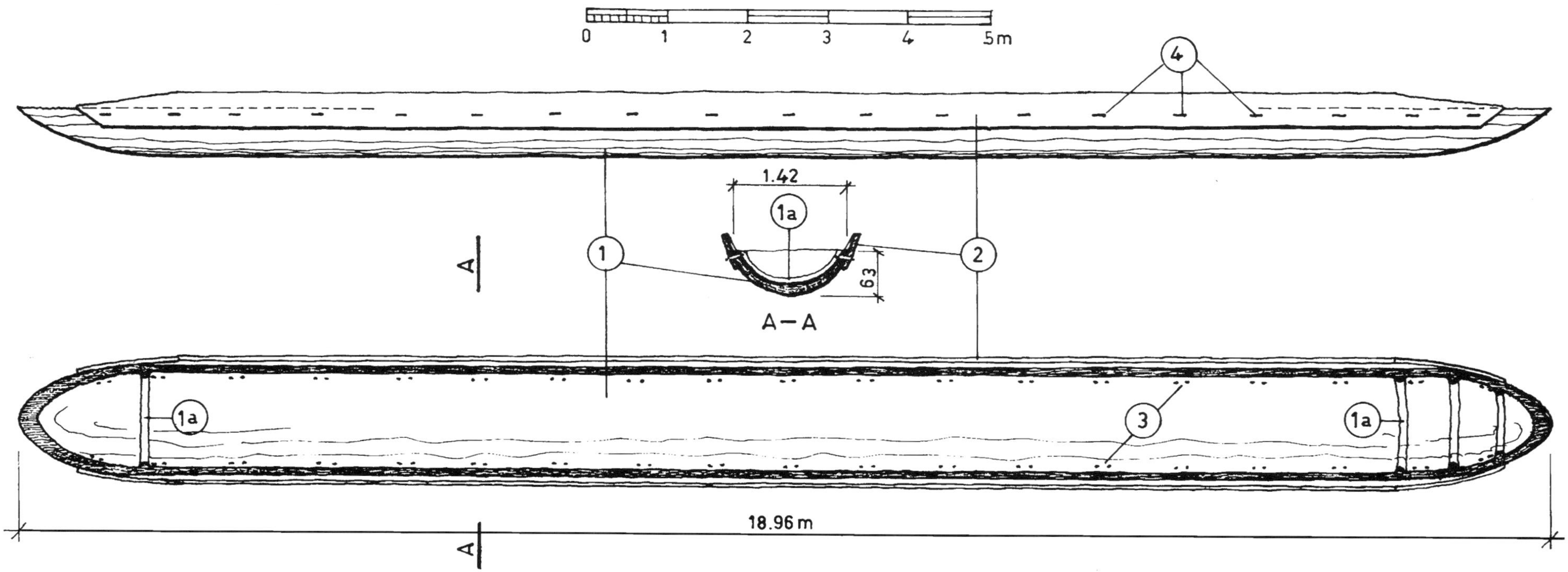

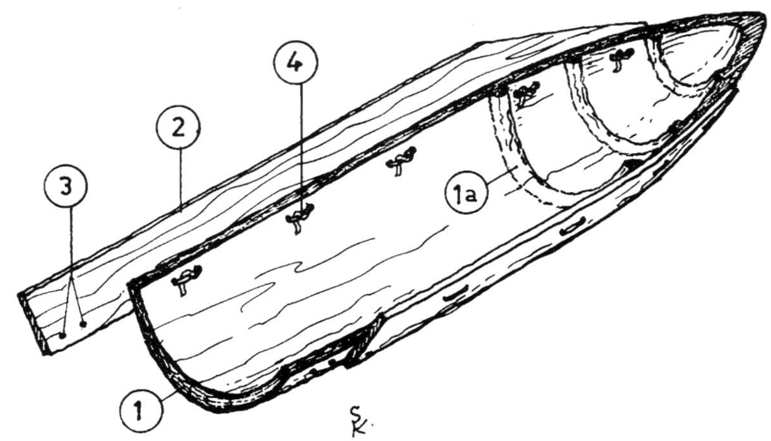

1 Rumpf, vermutlich ein Weichholzstamm, da Eiche in diesen Ausmaßen kaum vorhanden wäre. Länge 18,96 m, Breite 1,42 m
1a Rippenartige Verstärkungen im Bereich der Aufrundung
2 Bretter zur Erhöhung der Seitenwände
3 Bohrungen zur Befestigung von 2
4 Bindung durch Faserschnüre oder Weidenruten
Bei Wikingerschiffen wurden die Außenplanken mit Weidenruten an die Spanten gebunden. Nur die Planken waren klinkerförmig untereinander mit Eisenbolzen vernietet

Eine eigenartige Erinnerung an die römische Vergangenheit Wiens trägt das alte Bankgebäude am Stock im Eisen-Platz Nr. 3, Ecke Stephansplatz und Graben, auf seinem Dach: eine stark stilisierte Plastik eines römischen Schiffes. An der Prora die Figur einer Siegesgöttin (Nike, hier ohne Flügel, die man aber auch als Donauweibchen interpretieren könnte, wenn man den mit stilisiertem Rankenwerk bedeckten Unterleib der Figur betrachtet), an der Puppis hinter dem römischen Geländer eine stilwidrige barocke Laterne

Detaillierte Darstellung von Liburnen auf dem Relief der Trajanssäule in Rom

Münze mit dem Porträt
von Kaiser Trajan

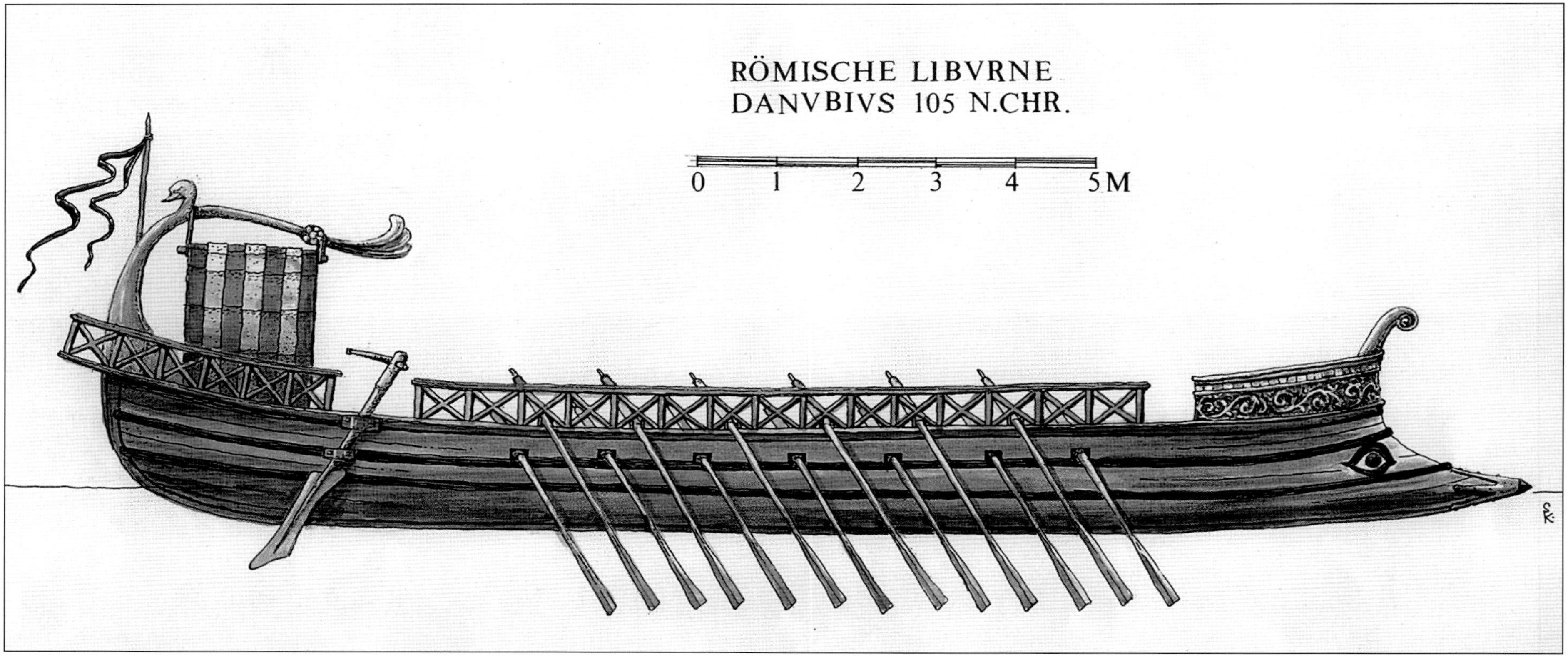

Der illyrische Volksstamm der Liburner besiedelte im Altertum das Gebiet des südlichen Niederösterreich von der Donau bis zur Save. Vom 6. Jahrhundert v. Chr. bis zum 2. Jahrhundert n. Chr. entstand dort der beste Schiffstyp dieser Zeit, der als „Liburne“ bezeichnet wurde.
Die Schiffe hatten zwei Ruderreihen, waren schnell und wendig. Um 100 n. Chr. nahmen die Römer die Liburne zum Vorbild für den Bau ihrer Schiffe

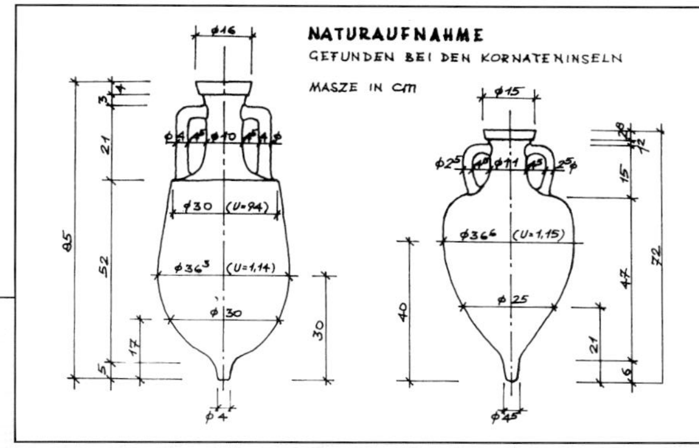

Römisches Handelsschiff um ca. 105 n. Chr. Rekonstruktion nach einem Steinrelief. Das Modell des Schiffes befindet sich im Schiffahrtsmuseum Spitz/Donau

3. Spuren des Mittelalters – ein Kreuzfahrerschiff vor Wien, 1147

1

2

Die Überlieferungen von Donauschiffsdarstellungen aus dem Mittelalter sind sehr spärlich. Es wurde versucht, nach einer reichlich phantastisch ausgeschmückten Malerei, die Kreuzfahrerschiffe um 1147 vor Wien (2. Kreuzzug) darstellen soll, eine brauchbare, mögliche Rekonstruktion herzustellen (vgl. die Abbildungen links oben sowie rechts oben)
Vergleichbare Darstellungen eines gotischen Frachtschiffes (1) und eine Zeichnung aus dem Anfang des 19. Jahrhunderts (2) waren aufschlußreich:
1 und 2 zeigen die tonnenförmige Überdachung, wobei 2 noch einen von der Hauptüberdachung abgesonderten Teil hat, wie er bei den Liburnen als Schutz für den Schiffsführer üblich war. Die Konstruktion der Ruderpinne (2) erscheint unglaubwürdig, ist aber auf mehreren Darstellungen dieses Schiffstyps so gezeichnet. Die Steuerung bei (1) erfolgt durch Einsatzruder, die aber nicht frei gehalten, sondern in eine Zahnleiste eingelegt wurden.
Das sehr schräg dargestellte Segel ist nicht, wie man auf den ersten Blick annehmen könnte, ein dreieckiges Lateinersegel, sondern ein Rahsegel, wie man an den Topnanten (= Halteseile der Rah) erkennt, die von den Rahenden zum Mast führen

II. Schiffe in Wien vom 16. bis zum Ende des 18. Jahrhunderts

1. Von der ersten Türkenbelagerung bis zum Ende des 16. Jahrhunderts

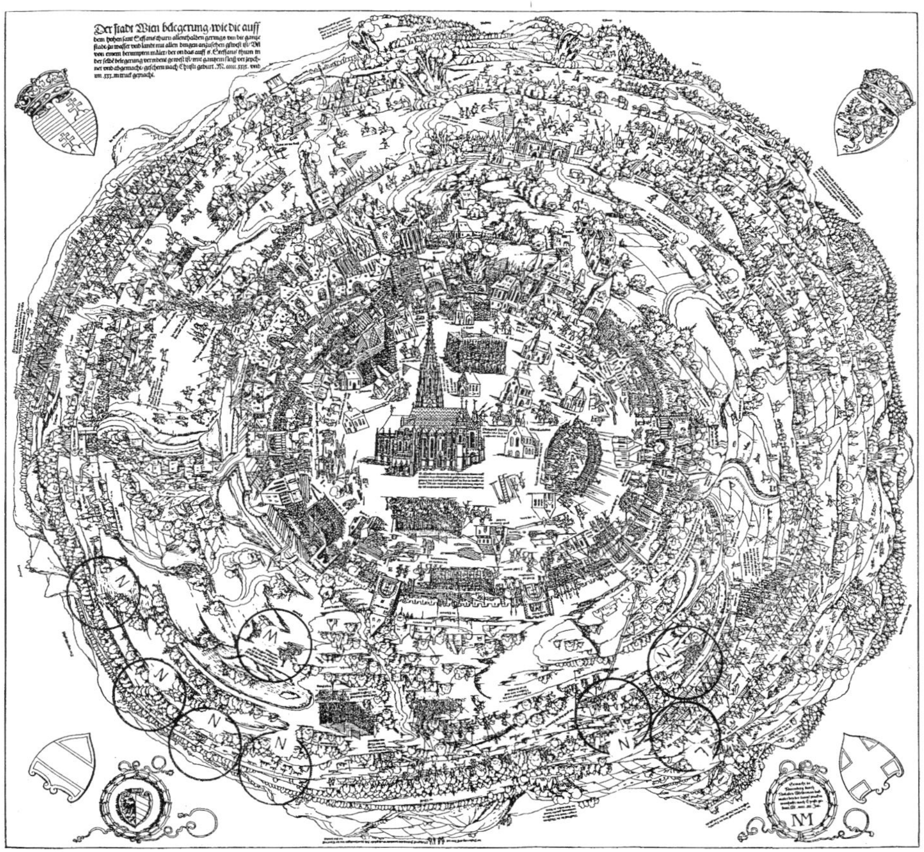

Niklas Meldemann, Rundblick vom Stephansturm, 1529 während der ersten Türkenbelagerung (gedruckt in Nürnberg). In den viel verzweigten Donauarmen zwischen den Inseln sind viele Schiffe dargestellt.
(N) Nassern-Schiffe der Türken
(L) Nassern-Lager der Türken
(W) Kaiserliche „Welsche Schiffe"

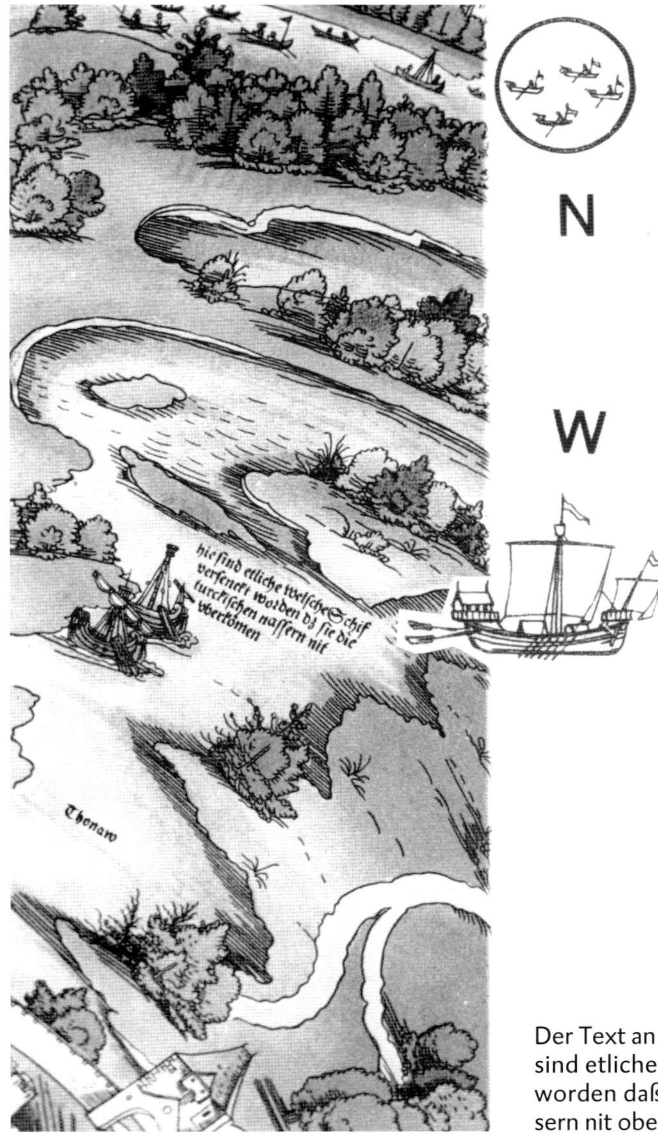

Der Text an dieser Stelle lautet: „Hier sind etliche welsche Schif versenckt worden daß sie die turckischen nassern nit oberkömen"

Ferdinand I. (* 10. März 1503 bei Madrid, † 25. Juli 1564 in Wien)

Schiffe der alten Donau-Armada
Rekonstruktion eines „Welschen" Schiffes nach den Unterlagen des Meldemann-Planes. Deutlich ist die Form der spanischen Nao erkennbar, sie erinnert an die SANTA MARIA des Kolumbus, Ende des 15. Jahrhunderts. Für die Verwendung an der Donau wurden entsprechende Änderungen an der Steuerung vorgenommen. Die Aufbauten sind Architekturelemente in Hauszelt- und Tonnen-Form. Rechts oben „Türkische Nasseren". Die kleinen Boote werden in der Fahrtrichtung stehend gerudert. Senkrecht stehend je eine Lanze mit türkischem Wimpel

Türkische Galeeren gelangten sicher bis Komorn. Um 1540 hatten die Türken auf der Donau bereits eine beachtliche Zahl an Kriegsschiffen, hauptsächlich Galeeren verschiedener Größe, im Einsatz

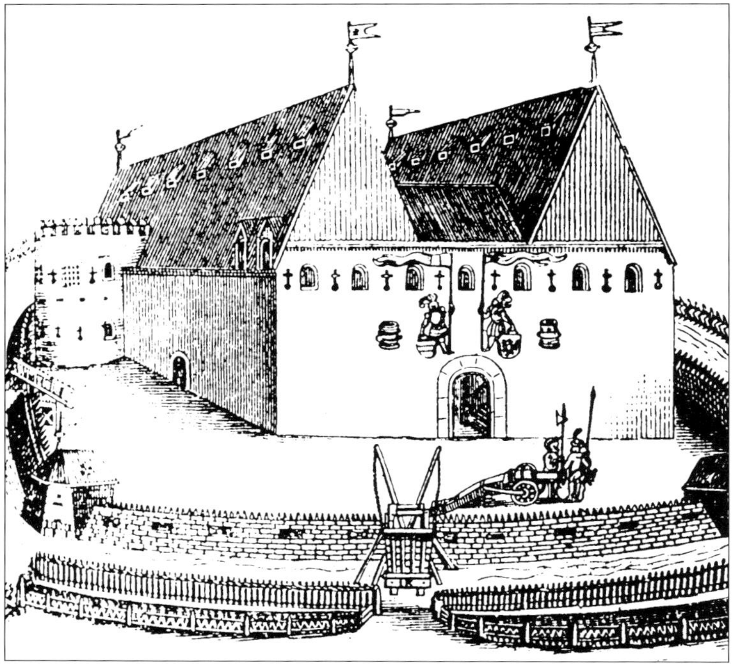

Das alte Maximilianische Arsenal – um 1500 errichtet – stand vor den Stadtmauern und wurde 1529 von den Türken zerstört. Man mußte daher den Schiffbau nach Gmunden verlegen. Ein provisorisches Arsenal befand sich beim Rotenturmtor

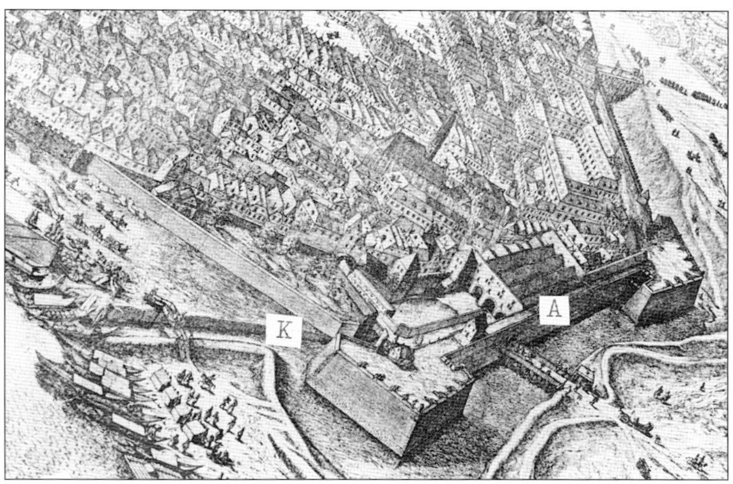

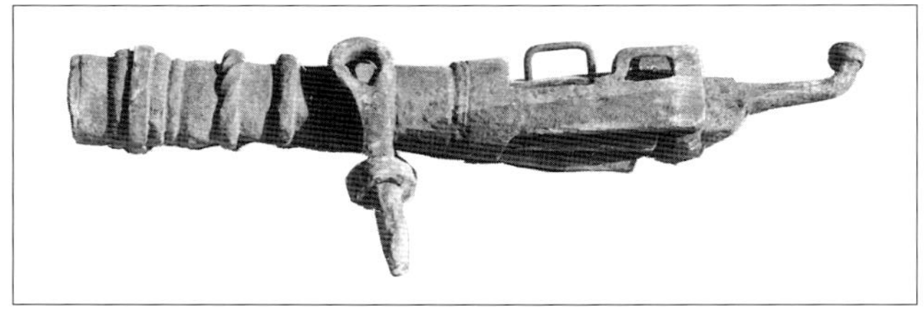

Eine Kammerbüchse (= Hinterlader) aus dem 16. Jahrhundert, vermutlich aus dem alten Arsenal, wurde beim Bau der U-Bahnstation Schottenring gefunden. Ähnliche Gabelstücke (in einem Gabelzapfen drehbar) wurden als Vorderlader im 18. Jahrhundert auf Tschaiken verwendet

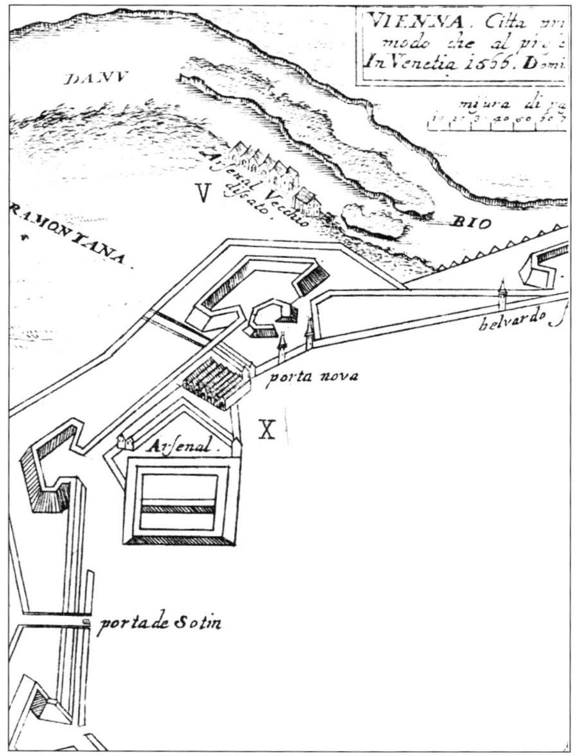

Kaiser Maximilian I. (* 22. März 1459 in Wiener Neustadt, † 12. Jänner 1519 in Wels) (A. Dürer)

Eine um 1566 in Venedig hergestellte Zeichnung zeigt das „Arsenal Vecchio disato“: V – das alte, zerstörte Arsenal am Donaukanal, X – das neue innerhalb der Stadtmauer

Die Stadtansicht von 1609 zeigt das wieder errichtete Streitschiff-Arsenal A, das bis gegen Ende des 18. Jahrhunderts in Verwendung war. Ein Kanal K verbindet das Wasserbecken des Arsenals mit dem Donaukanal D, durch den die Schiffe geführt wurden

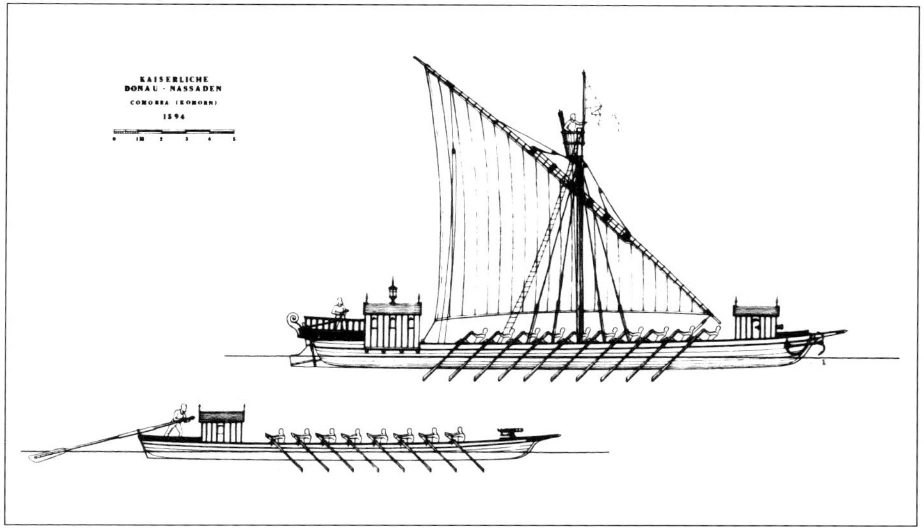

Im 16. Jahrhundert wurden leichte Kriegsschiffe als „Nassad“ bezeichnet, egal ob es sich um kaiserliche oder türkische handelte. Das Wort „Nassad“ wird angeblich von der Wortkombination „nad“ (= Schilf) und „assa“ (= Pferd) abgeleitet, was „Schilfboot, vom Pferd gezogen“ bedeuten soll. Schnellfahrende ungarische Kriegsschiffe behielten später die Bezeichnung Nassad bei. Die ungarischen Schiffsleute hießen Nassadisten

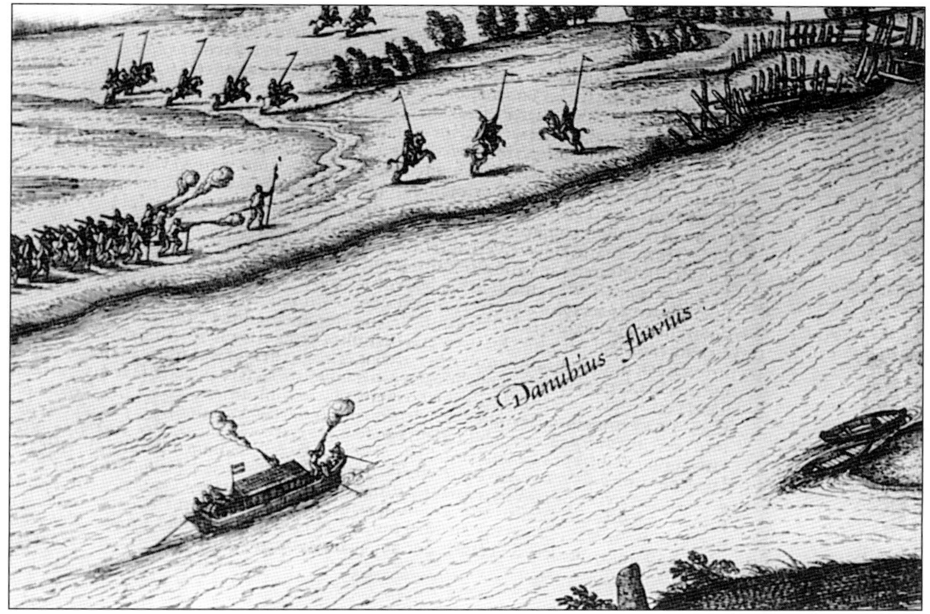

Bewaffnetes Handelsschiff von Wien kommend bekämpft türkische Truppen bei Komorn 1595

Kaiserliche Nassaden im Kampf gegen die türkische Belagerung von Komorn, 1595

Die kaiserlichen Galeeren, die meist bei Komorn oder Gran gegen die Türken eingesetzt wurden, waren vermutlich in Wien gebaut worden

KAISERLICHE
DONAU GALEEREN TSCHAIKE
GRAN
1664

2. Leibschiffe und Theaterschiffe des 17. Jahrhunderts

Die unruhigen Zeiten der Türkenkriege erforderten immer wieder diplomatische Missionen kaiserlicher Internuntii (= Gesandte) zu Friedensverhandlungen oder Handelsabkommen mit Bevollmächtigten der Hohen Pforte oder des Sultans. Diese Fahrten erfolgten überwiegend mit Leibschiffen auf dem Wasserweg der Donau, da die wenigen Straßen sehr schlecht und unsicher waren. Auch nach dem Ende der Tributpflicht 1606 wurden von kaiserlicher Seite viele wertvolle Geschenke – Porzellan und böhmische Glaswaren – an die Türken geschickt. Einerseits wurden die Verhandlungen dadurch erleichtert, andererseits sparte man Geld. Diese zerbrechlichen Gegenstände konnten nur auf dem Wasserweg und nicht über die holprigen Straßen transportiert werden.

Es verwundert nicht, daß sich auch die Augartenmanufaktur in der Nähe der damals schiffbaren Donauläufe befand. Aber nicht immer seien wertvolle Geschenke von habsüchtigen türkischen Würdenträgern entsprechend geachtet worden, wie Hans Ludwig Graf Kuefstein (1582–1657) 1628 ärgerlich berichtet, als er von Kaiser Ferdinand II. als Orator (= Botschafter) zur Ratifizierung des Friedens von Szony nach Konstantinopel gesandt worden war. Die Abreise von der Wiener Biberbastei (heute Urania, Wienflußeinmündung in den Donaukanal) erfolgte auf einem prächtigen Leibschiff und neun Beischiffen, die das Gefolge und Kunstwerkstätten beherbergten.

Die Fahrt führte über Gran und Ofen nach Griechisch Weißenburg, dem heutigen Belgrad, und dann über die alte Römerstraße, die aus militärischen Gründen von den Türken gut erhalten wurde, auf dem Landweg per Pferd und Wagen nach Konstantinopel.

Graf Kuefstein hatte große Schwierigkeiten mit den „hoffärtigen“ Türken und wurde angeblich sogar mit dem Tode bedroht, als er sich weigerte, als Vertreter des Kaisers vor Sultan Murad IV. niederzuknien. Nach seiner Rückkehr am 8. Dezember 1629 wurde er vom Kaiser für seine tapfere Haltung geadelt und zum Landeshauptmann ernannt.

Die Bauweise und Form der Leibschiffe entsprachen weitgehend der eines Kehlheimers, nur waren sie besser und prunkvoller ausgestaltet und hatten ein flaches Hüttendach mit Balustrade. Die Gesandten wurden besonders prunkvoll ausgestattet, um den Reichtum und die Macht des Kaisers zu demonstrieren. Die Großgesandtschaft des Grafen Virmondt zu den Friedensverhandlungen von Passarowitz 1718, durch deren Ergebnisse das Habsburgerreich seine größte Ausdehnung nach Südosten erreichte, umfaßte 72 Schiffe. Im allgemeinen wurden jedoch nur fünf bis zehn Schiffe verwendet.

Neben den für Gesandtschaftsfahrten verwendeten Leibschiffen müssen auch die Theaterschiffe Erwähnung finden.

Bei den Feierlichkeiten anläßlich der Hochzeit von Kaiser Leopold I. 1666 wurde eine Schiffsattrappe über den Festplatz in der Wiener Hofburg gezogen, begleitet von 30 Mitwirkenden in phantastischen Verkleidungen von Meeresgöttern mit Tritonshörnern (Zeitgenössische Darstellung, Historisches Museum der Stadt Wien, Abbildung S. 28, links oben).

Auch 1667 gab es immer noch Feierlichkeiten zur Hochzeit des Regenten, wie das berühmte Roßballett (siehe S. 27, Abbildung rechts), in dessen Mittelpunkt einer der Festwagen, gestaltet von Burnanini, in Form eines prunkvollen Schiffes stand. Zur Darstellung: „Siegstreit Deß Lufft und Wassers Freudenfest zu Pferd“. Auch theatralische Seegefechte, ähnlich den antiken „Naumarchien“, mit Eroberung von Burgattrappen wurden im 17., aber auch schon im 16. Jahrhundert in den Donauläufen bei Wien durchgeführt.

Bezeichnung der Schiffe nach Bildlegende:

1. Quartiermeister und Einkäufer

2. Kuchlschiff und Zehrgarten

3. Stallmeister, Maler, Uhrmacher, Goldschmied und andere Offizien

4. u. 5. Türkische „Presendten", Silberkammer und Apotheken

6. Ihro Exzellenz Herrn Pottschaffer's Leibschiff

7. Die aufwardtenden Herrn Cavalieri, Paschi, Secretari und ihre Diener

8. Beichtvater, Hofmeister, Leibmedici und Capell, Notturfte

9., 10. u. 11. Wagen und Roßschiff

Das Originalbild befindet sich im Schloß Greillenstein, NÖ.

Links: Biberbastei
Mitte vorn: Wienflußmündung
Mittelgrund: Donaukanal
Hintergrund: Venediger Au

Die Schiffe der Gesandtschaftsreise des Johann Ludwig Grafen von Kuefstein 1628 zeigen ein extrem ausgeprägtes Streifenmotiv, das sich auch über die Hüttenaufbauten und Ruderblätter erstreckt. Streifen hier gemalt, nicht gebrannt. Die Hütte des Leibschiffes (6) und des Capellschiffes (8) ist mit einem Schachbrettornament geschmückt, das auch in der Landarchitektur oft verwendet wurde

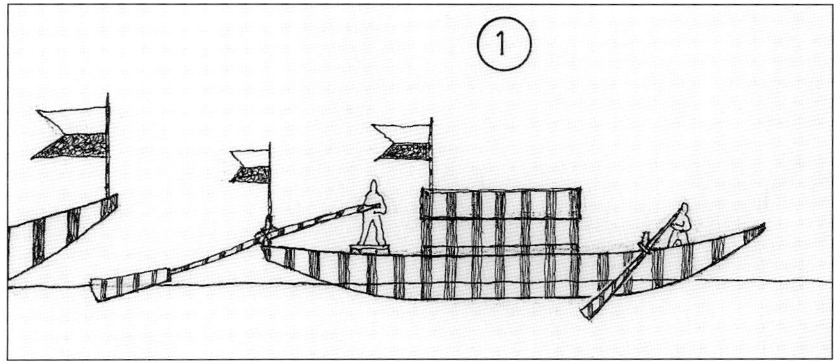

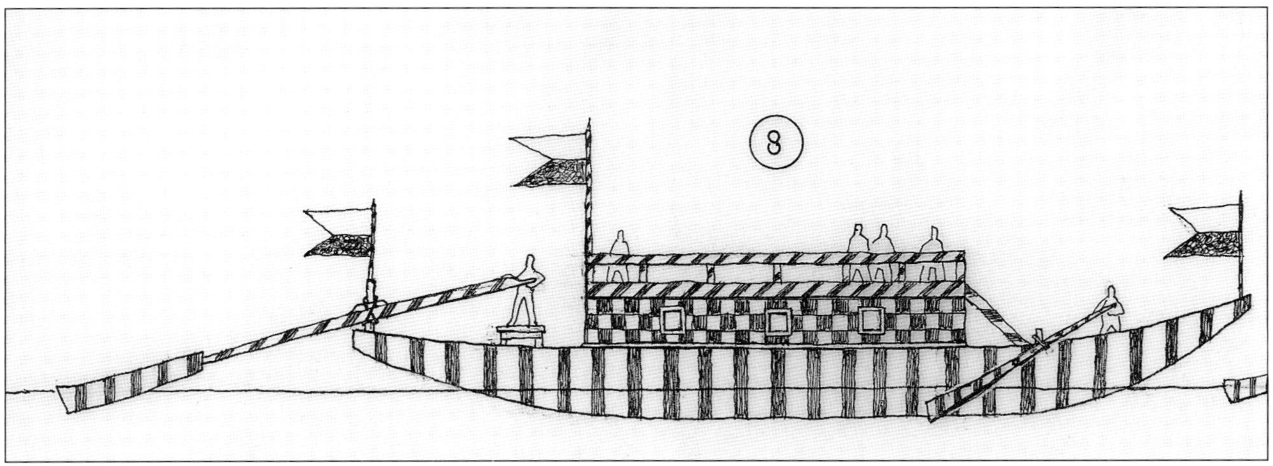

Auf alten Bildern sind Schiffe meist nicht in den richtigen Proportionen dargestellt. Es wurde versucht die Schiffe 1 und 8 maßstabgerecht zu zeichnen

Johann Ludwig Graf von Kuefstein

Ein Schiff, das einen kaiserlichen Gesandten zu Friedensverhandlungen brachte, mußte schon durch sein Äußeres einen entsprechenden Eindruck vermitteln. Dazu sollte der reiche Farben- und Flaggenschmuck beitragen. Das Modell befindet sich im Schiffahrtsmuseum Spitz/Donau

Kampfspiele zu Ehren des anwesenden Herzogs Albrecht V. von Bayern: Eroberung einer Festung am Wiener Tabor. Hans Sebold Lautensack, 1560

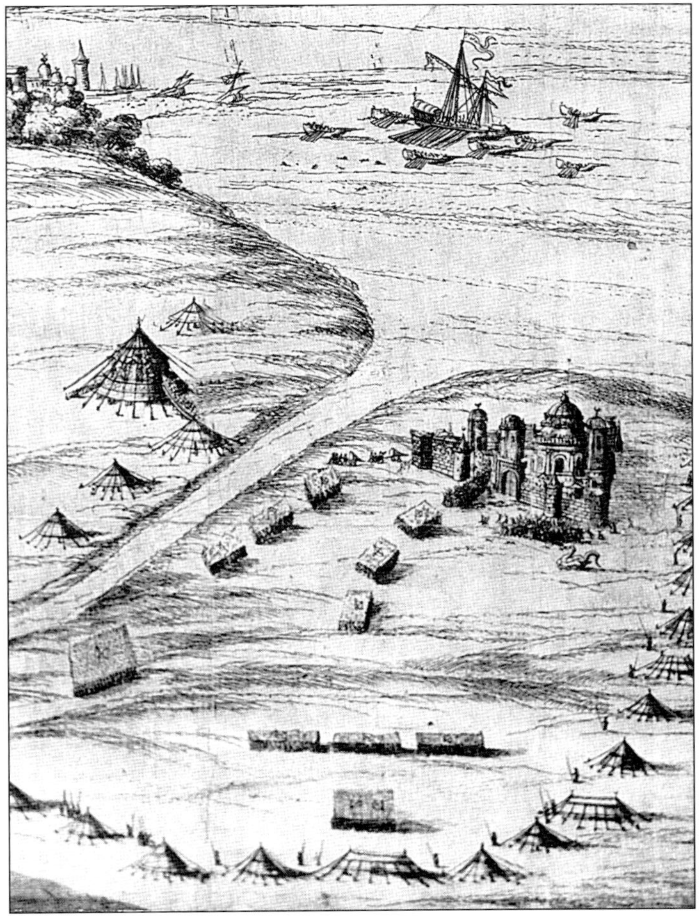

Kampfspiel mit schwimmfähigen Schiffen: „Fest veranstaltet von der Stadt Wien im Augarten am 6. Set. 1671 zu Ehren des Kaisers aus Anlaß des ersten Kirchweihfestes in der Leopoldstadt, darstellend: Die Einnahme der Festung Ptolomaij durch Herzog Leopold VI." Künstlich aufgebaute Burgattrappen bei der kaiserlichen „Favorita" (Augarten). Die Schiffe dürften sich im Fahnstangen-Donauarm befinden

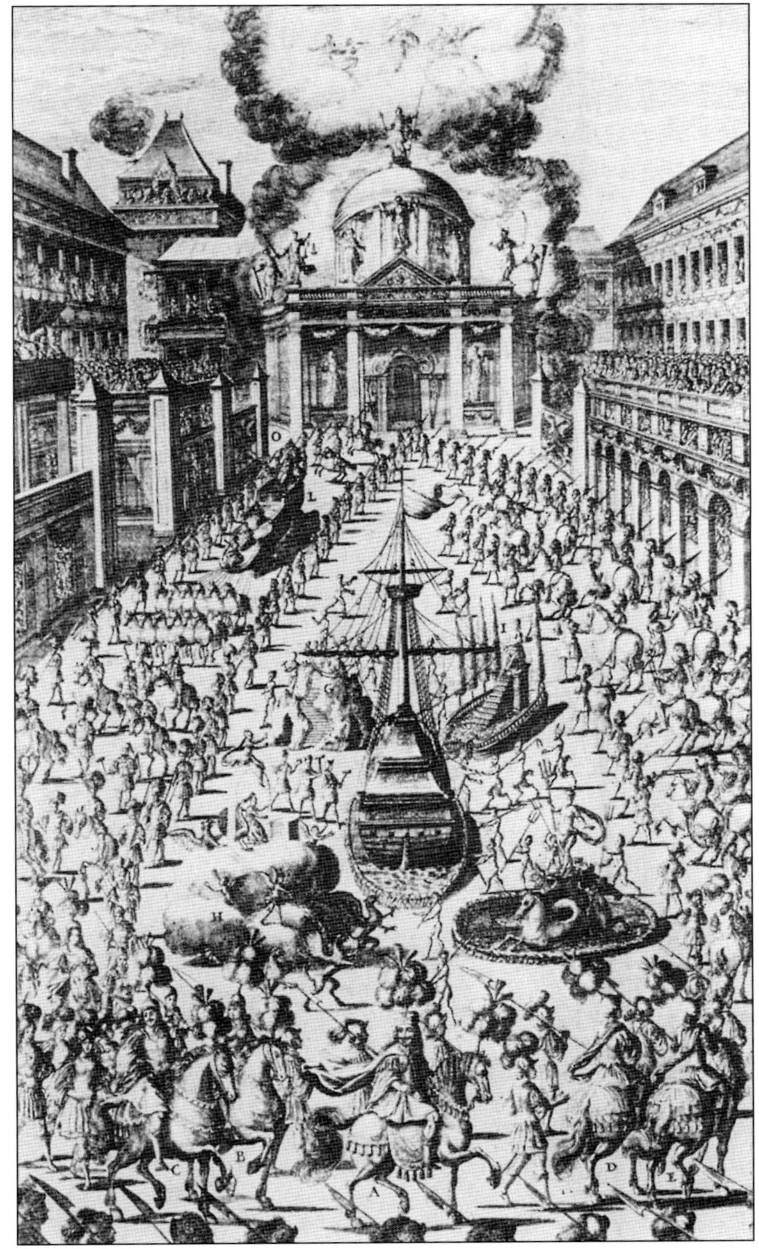

Das Roßballett während der Hochzeit von Kaiser Leopold I. 1667

Feierlichkeiten während der Hochzeit von Kaiser Leopold I. 1666–1667

Leopold I. (* 9. Juni 1640 in Wien, † 5. Mai 1705 in Wien)

Die erhaltene „Special Auslegung (Detailzeichnung) dieser Schiffsattrappe zeigt die richtige Darstellung der reichlich vorhandenen Architekturelemente. Das Schiff selbst ist reine Phantasie und mit Dekorationen überladen. Die phantasiereiche Takelage mit den beiden Rahsegeln oben erinnert an Leesegel späterer Segelschiffe des Meeres.
Unter dem „Schiffs-Schnabel“ (lateinisch: rostrum) ist das Kostüm eines Triton oder Meergottes dargestellt. Am „Hindertheil“ des Schiffes thront die Göttin Fama, die den Streit mit der Fanfare ankündigt. Die Darstellung des Wassers erfolgte vermutlich durch bewegte Tücher

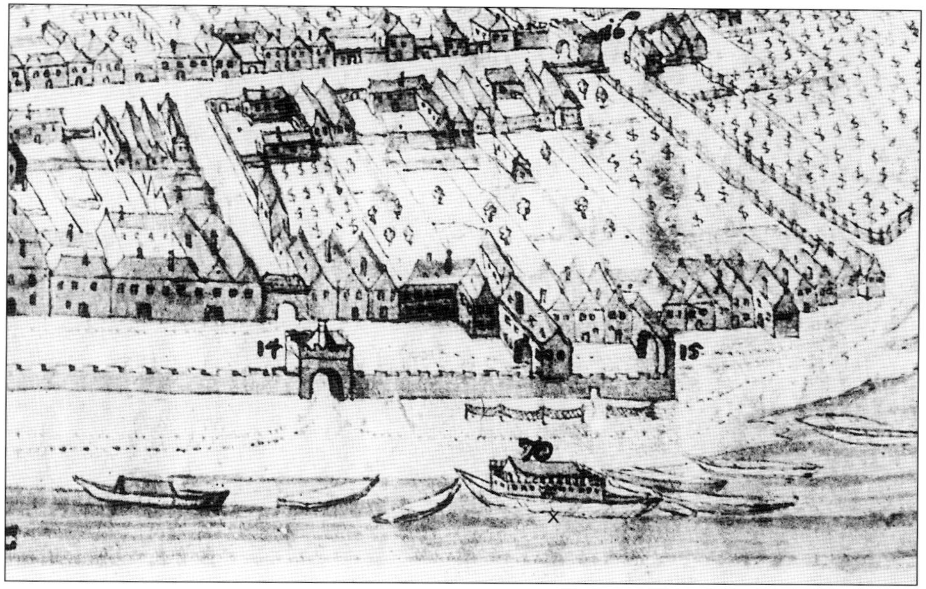

Leibschiff Kaiser Leopolds I. (= x) vor dem Kaisersteig in Klosterneuburg. Vermutlich jenes Schiff, mit dem der Kaiser nach dem Sieg über die Türken 1683 im Triumphzug von Linz nach Wien zurückkehrte. Es soll einen Adler als Zierde gehabt haben (Am Dach: Nr. 70)

Der leopoldinische Adler, der nach der Überlieferung das Leibschiff Kaiser Leopolds geziert haben soll (OÖ. Landesmuseum, Linz). Der Adler als heiliges Tier Jupiters war auch Symbol des römischen Imperiums, aber auch von vielen späteren Reichen

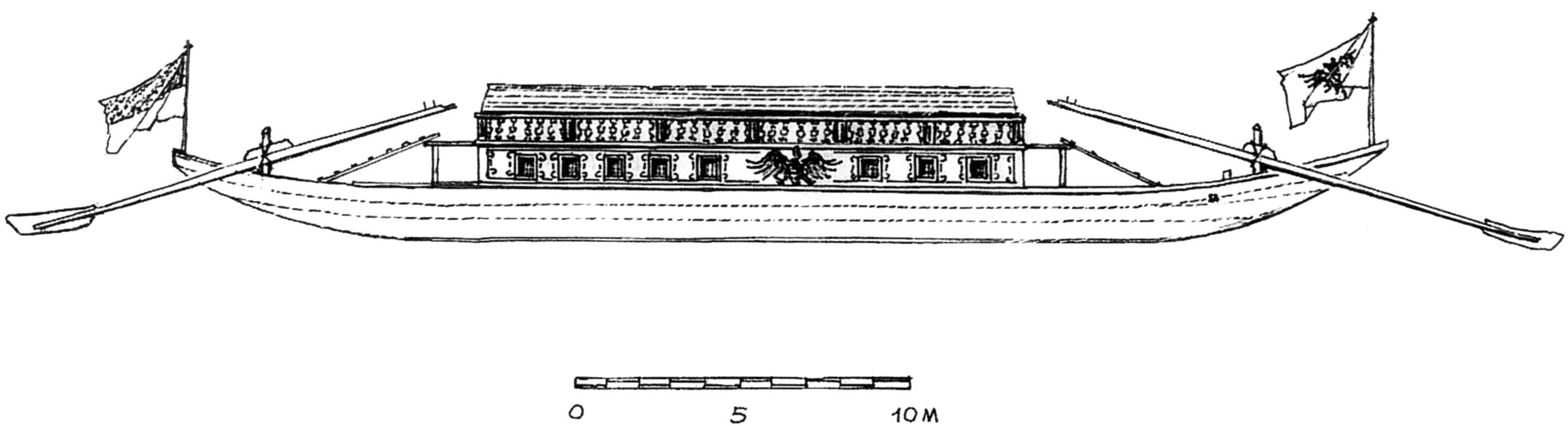

Rekonstruktionsversuch des Leibschiffes nach der oben gezeigten, sehr undeutlichen zeitgenössischen Darstellung

3. Donau-Armamente

Bei den ständigen Kämpfen gegen die Türken gingen die großen Donaukriegsschiffe fast immer verloren, da sie stromabwärts an den Kriegsschauplatz mußten und meistens nicht mehr stromauf gebracht werden konnten. Dazu waren teure Pferdezüge notwendig, die oftmals nicht durchgeführt werden konnten.

Einige zeitgenössische Meinungen zu dieser Praxis bekräftigen diese Einschätzung. Ferdinand Weydtner, Arsenalhauptmann 1526, urteilte: „Große Schiffe sind auf der Donau unbrauchbar, viele Ruderknechte, teure Pferdezüge." Mehr als 250 Jahre später bestätigte Major Immens 1789 das Urteil Weydtners: „Große Schiffe haben sich auf der Donau nicht bewährt." Als verwendbare Kriegsschiffe taugten auf der Donau nur leichte Ruder-Segelschiffe, die Galeeren, Tschaiken und Kanonierbarken. Trotzdem wurden immer wieder Armamente mit großen, den Seeschiffen nachgebauten Fahrzeugen durchgeführt, und zwar in den Zeiten:

Zeit:	**Bauort:**	**Schiffstypen:**
1526	Wien, Maximilianisches Arsenal am Donaukanal	Welsche Schiffe und Nassaden
1528	Wien, Maximilianisches Arsenal am Donaukanal	Welsche Schiffe und Nassaden

Türkenkrieg unter Kaiser Ferdinand I.

1529	Erste Türkenbelagerung Wiens	
1532–1540	Wien, 2. Neues Arsenal am Rotenturmtor Gmunden	Rudertschaiken Rudertschaiken
1547	Tributgesandtschaft	
1566	Wien, 2. Neues Arsenal, Schottenring Gmunden	Rudertschaiken Rudertschaiken
1606 1645–1646	Ende der Tributzahlungen Schweden in Wien	

1. Türkenkrieg unter Kaiser Leopold I.

1663–1664	Wien, Arsenal am Schottenring	Galeeren von Rudolfi
1683	Zweite Türkenbelagerung Wiens	
1683	Gmunden, Donauwörth, Passau, Regensburg, Hall am Inn	Landesübliche Transportschiffe

2. Türkenkrieg unter Leopold I.

1683–1699	Wien, Arsenal am Schottenring, nach Abzug der Türken zu deren Verfolgung etwa 40 Schiffsneubauten	
1692–1697	Wien, Arsenal am Schottenring	Prahmen
1697	Wien, Arsenal am Schottenring	40 Halbgaleeren

1. Türkenkrieg unter Karl VI.

1716–1718	Wien, Fahnstangenwasser Gmunden	10 Prahmen 50 Tschaiken

2. Türkenkrieg unter Karl VI.

1736-39	Wien, Heustadelwasser Belgrad	Prahmen und Galeeren Prahmen
1763	Gmunden	Halb- und Ganz-Tschaiken
1765–1768	Klosterneuburg, neue Kriegswerft	Fregatte THERESIA
1766–1775	Klosterneuburg, neue Kriegswerft	Tschaiken
1775–1790	Klosterneuburg,Titel, Esseg, Karlstadt	Tschaiken, Kanonierbarken
1788–1790	Letzter Türkenkrieg, Joseph II.	Tschaiken, Kanonierbarken
1819	Titel, letzte Holzkriegsschiffe 1856	Tschaiken, Kanonierbarken

Eine Urkunde von 1683 (Hofkammerarchiv, Wien) bezeugt, daß für den Bau von zehn Schiffen (Pergantin, Fregatten, Gaiozza, Gundele, Patella) vom Waldamt Purkersdorf 261 Stämme Schiffbauholz durch den kaiserlichen Arsenal Administrator Ferdinand Marchese delgi Obbizi angefordert wurden: 80 Eichen, 20 Rusten, 9 Espen, 15 Birnen, 30 Weißbuchen, 8 Linden, 9 Eschen, 80 Rotbuchenholz für Ruder und 10 Birnen.

Am 3. April 1683 meldete das Waldamt aber, daß erst kürzlich 1000 Eichenstämme für Palisaden geliefert wurden und daher, gleich dem Espenholz, nur mehr wenig vorhanden sei und deren Stammstärke für den Schiffbau zu gering wäre. Mit Rusten-, Birn- und Lindenholz sei die „fliegende Brücke" (Schiffbrücke) bei Stein an der Donau bezogen worden. Im wesentlichen wurde aber das Schiffbauholz beim Salzamt in Gmunden aufgebracht, wo seit 1529 der Tschaikenbau betrieben wurde. (Anton Schachinger, Das kaiserl. Waldamt und die Herrschaft Purkersdorf, S. 173, 174.)

Doch auch nach der erfolgreichen Abwehr der unter dem Halbmond kämpfenden Osmanen war die Gefahr nicht gebannt. Das 1683 vor Wien besiegte Türkenheer zog sich donauabwärts zurück und wurde von den kaiserlichen Truppen verfolgt, mit dem Ziel, die Türken aus Mitteleuropa zu verdrängen. Dazu war aber eine Donauflotte notwendig.

Durch die Kriegshandlungen war das kaiserliche Streitschiffarsenal am Schottentor stark in Mitleidenschaft gezogen worden. Die dort liegenden Galeeren mußten vor ihrem Einsatz repariert werden.

Schon 1690 erwiesen sich aber weitere Schiffbauten als notwendig, die von M. de Fleury und dem holländischen Donauadmiral d'Assembourg durchgeführt wurden. Diese Schiffe waren aber zu hoch und zu schwer.

Da Assembourg die Flottengelder für private Zwecke unterschlug, gewann M. de Saint Saphorin die Oberhand. 1703 wurde Assembourg schließlich zu „poene laquer" – Nasen und Ohrenabschneiden – verurteilt, konnte jedoch fliehen.

Als Prinz Eugen 1697 den Oberbefehl über die Streitkräfte erhielt und sich abermals eine Flottenverstärkung als notwendig erwies, konnte der damalige Vizeadmiral M. de Saint Saphorin, ein Landadeliger aus dem Lande „Vaud" (heute Kanton Waadt, Schweiz), seine Idee von leichteren Kriegsschiffen durchsetzen. Er bekam den Auftrag, zehn große Schiffe zu bauen.

Das Aussehen dieser Schiffe dürfte ungefähr der Rekonstruktionszeichnung entsprochen haben. Ein Name speziell für das auf S. 32 dargestellte Schiff ist nicht überliefert, könnte aber nach einem Heiligen benannt worden sein, wie das in der Zeit der Türkenkriege meist üblich war, (z.B. „St. Leopold", „St. Joseph", „Heiliger Erlöser" etc.), um im Kampf gegen die Ungläubigen den Segen der Heiligen zu erflehen.

Es waren relativ große Segelschiffe mit der typischen Takelage des 17. Jahrhunderts mit dem Sprietmast und den „Blinden-Segeln", die so hießen, weil sie die Sicht nach vorne verhinderten. Durch diese „Blinden" wurde der Segelschwerpunkt weiter nach vorne verlegt, um das seitliche Ausweichen des hohen Achterschiffes durch den Winddruck auszugleichen. Als Anfang des 18. Jahrhunderts die Schiffe achtern niedriger wurden, war dieser unpraktische Sprietmast überflüssig geworden. Dieses Schiff war achtern relativ niedrig, da nach den Erfahrungen an der Donau zu hohe Schiffe durch den seitlichen Winddruck aus der schmalen Flußrinne abgetrieben wurden und strandeten, zumal diese Schiffe wegen der Sandbänke außerordentlich flach gebaut sein mußten. Trotzdem hielt man den Sprietmast an der Donau bis 1718 für notwendig. Sicher hatten auch die Schiffe Saint Saphorins Seitenruder, wie die Riemen an der Donau genannt wurden.

Vom Ende des 17. Jahrhunderts bis zum Ende des 18. Jahrhunderts hielt man große, stark bewaffnete Donaukriegsschiffe für unentbehrlich, um die kleinen zahlreichen türkischen Schiffe bekämpfen zu können. Die Türken waren als Schiffsleute den kaiserlichen überlegen, dagegen jedoch sehr schlechte Artilleristen. Dieser Nachteil wurde zum Teil dadurch ausgeglichen, daß sie stromaufwärts kämpfend sich nach einem Angriff mit der Strömung zurückziehen konnten.

Die großen kaiserlichen Segelkriegsschiffe wurden an allen Kriegsschauplätzen gegen die Türken an der Donau verwendet. Sie konnten nur bei günstigem Wind die Segel stromauf einsetzen. Sonst mußten sie mit Pferden gezogen werden, wenn das Ufer von den eigenen Truppen kontrolliert wurde. Die Ruder konnten stromauf nicht verwendet werden.

St. Saphorin

DONAU-PRAHM (»GALÈRE«)
DES VICEADMIRALS
ST. SAPHORIN
WIEN?
UM 1697

0 1 2 3 4 5 6 7 8 9 10

Nach dem Friedensschluß zu Karlowitz 1699 mußten die Schiffe abgewrackt und als Brennholz verkauft werden, da sie nicht wieder nach Wien gebracht werden konnten.

Die Donauflotte von 1692–1699 hatte sich so gut bewährt, daß Prinz Eugen für seinen Feldzug 1716–1718 eine neuerliche Donauflotte für unbedingt notwendig erachtete.

Die Vorbereitungen begannen bereits 1704, als eine Schanz-Steuer für jedes Haus in Linz und Wien eingehoben wurde. Die Abgaben sollten zum Teil für eine Donau-Armada verwendet werden.

1715 wurden Schiffbaumeister aus England (Tomas Davis, Portsmouth) und Deutschland (Focke Gersen, Hamburg) nach Wien berufen, um hier im Fahnstangenwasser-Donauarm zehn große viermastige Prahmen, die bis zu 60 Kanonen führen konnten, zum Teil nach dänischem Vorbild zu bauen. Die dänische Marine galt Anfang des 18. Jahrhunderts als vorbildlich. Für den Bau dieser Schiffe wurden über 4000 Eichenstämme aus dem Wienerwald herbeigeschafft. Die Schiffe hatten eine Länge von ca. 42 m, eine Breite von neun und einen Tiefgang von ungefähr zwei Metern. Für die elf Paare Seitenruder benötigte man ca. 5 Mann/Ruder. Insgesamt setzte sich die Besatzung aus bis zu 280 Mann zusammen, einschließlich den Hamburger Seeleuten, einheimischen Schiffleuten, Kanonieren und Soldaten. Prinz Eugen verlangte große, stark armierte Schiffe, um die Festung Kalemegdan auch von der Flußseite beschießen zu können.

Dieses geplante Armament Karls VI. sollte das größte werden, das es jemals auf der Donau gab. Leider ist von diesem gewaltigen Flottenbau, der viel Aufsehen erregte, nicht allzu viel erhalten geblieben. Die derzeit vorhandene Überlieferung reicht jedoch aus, um sich eine Vorstellung von diesen Schiffen machen zu können. Ein zeitgenössischer Bericht (Wiener Diarium Nr. 1351/Jahr. 1716), der hier in seinem eigentümlichen Wortlaut und originalen Schreibweise wiedergegeben ist, kann vielleicht einen Einblick in die damalige Zeit vermitteln:

„Gleichwie Gestern Ihrer Weiland Kaiserl. Majestät / Leopold des Ersten / Glorwürdigster Gedachtnuß / hinterlassen = Durchlauchtigste Erz=Herzoginnen in dem Augarten sich etwas zu belustigen / und / nachdem die neugebauten Kriegs=Schiffe zu sehen / sich gnädigst belieben zu lassen; So hat Heut auch Ihrer Weiland Kaiserl. Mayestät Joseph des Ersten / ruhmwürdigsten Andenken / hinterlassen = Durchlauchtigste = jüngste Erz=Herzogin ein gleiches zu tuhen Sich gnädigst gefallen lassen; da dan sowohl / Gestern / als auch Heute jedesmal bey Dero Ankunft / und Besteigung der Schiffe / wie auch wieder Zurückkehrung / die Stuck auf den Schiffen gelöset: dan sollen / nebst Aussteckung der Flaggen von Matrosen allerhand Übungen und Verehrungen gemacht worden.“

Im Jänner 1716 wurde mit dem Bau begonnen, P. Mathia Fuhrmann (1739) berichtet später darüber: „Sonsten wurden in diesem Moment viel und große Bäume aus den dahier umliegenden Waldungen anhero gebracht, inmassen der allhier angefangene Kriegs-Schiff-Bau, da man nemlich vorhin dahier auf der Donau nie gesehene große Schiffe zu bauen angefangen, um Sie bey vorhabender Campagne wider die Türken nach Hungarn abzuschicken, ungehindert der starcken Kälte, mit allen Ernst fortgesetzt ward. Dabey sich der Kayerliche von Hamburg anhero beruffener Schiff-Baumeister Herr Focke Gersen, deßgleichen der Englische Herr Davids, ein nicht geringes Lob erworben.“

Am 15. Mai 1716 fand der Stapellauf statt: „Als bereits vor kurzer Zeit, das erste von denen auf allhiesiger Fahnstangen erbauenden Kriegs-Schiffen verfertiget, und in Wasser gestossen worden, als ist den 15. May, in Gegenwart vieler vornehmen Stands-Personen und anderer Zusehern, das anderte, mit besonderer Behend- und Geschwindigkeit in die Donau geloffen, auch ungehindert des starck anwachsenden Wassers, mit einer absonderlichen Leichtigkeit gegen den Strohm Aufwerts geführt worden, welches der Kayserl. Schiff-Baumeister, Herr Focke Gersen, von Hamburg erbauet, und 60. Canons geführt.“ (S. Leopoldus).

Schiffstaufe: „Den 15. Julii sind aus allerhöchstem Befehl Ihr. Kayserl. Majest. die dahier verfertigte 7. Kriegs-Schiffe, von Ihro Hochfürst. Gnaden dem allhiesigen Herrn Ordinario, Grafen von Kollonitsch, im Beyseyn des Päpstlichen Nuntii, und vieler Kayser. Hohen Ministern, wie auch mehr andern hoh- und niedern Stands-Personen, so sich in ungemeiner Menge dabey eingefunden, weil man vorhero zu keiner Zeit noch nie dergleichen grosse Schiff althier gesehen, mit gewöhnlichen Ceremonien eingeweyhet, und ihnen die Namen: S. Maria, S. Leopoldus, S. Josephus, S. Carolus, S. Elisabeth, S. Stephanus und S. Franciscus gegeben worden. Wobey man aus den kleinen Gewähr der Stadt-Guarde, und aus den Schiffen befindlichen Stucken 3. Mal Salve gegeben, und die Matrosen ihr übliches Geschrey, Hussay, vollbracht. Es waren ziemlich grosse Machinen von 133. Schuhe lang und 28. Breit, deren eines 50. Ja noch mehr schwere Stuck-Geschütz geführet. Hierauf machte man die Anstalten, damit inzwischen drey von sothanen Kriegs-Schiffen zu der Armee nacher Hungarn abgehen möchten wie dann auch gleich den 17. Juli 17. Dito darauf, die Schiffe Leopoldus und Carolus ihre Ancker gehoben, und glücklich die Brucken passirt, bey welcher Passirung die gewöhnliche Urlaubs-Schüsse gehöret worden.

Den 18. Julii darauf folgte das Schiff Josephus, nach dessen Passirung der Brucken abermal die Beurlaubung- von denen bereits passirten aber, und unterhalb gegen der Au zu stehenden die Bewillkommungs-Schiffe gethan worden. Folgenden Tags sind diese 3. Schiffe, unterm Commando des ältesten Herrn Schiff-Capitains, Schwendimann, mittels löblicher Veranstaltung des Kayserlichen Obrist-Schiff-Amts, von hier nach Peterwardein abgefahren.

Den 31. Julii vernahme man durch einen von Ofen in Wien angelangten Currier, daß von den erst gemeldeten Wienerischen Kriegs-Schiffen bereits Zwey, Carolus und Franciscus, zu Ofen glücklich angekommen, und ferners abwerts gangen sind.

Den 10. Junii sind auf allerhöchsten Befehl Ihr. Kayserl. Majestät, die allhier letztens verfertigt und ins Wasser gelassene zwey Kayserl. Kriegs-Schiffe, mit gewöhnlichen Ceremonien in Abwesenheit des allhiesig Hochfürst. Herrn Ordinarii von Ihro Hochwürd. Herrn von Breitenbücher, Dom-Probst allhier, als Officiali und Vicaria Generali, eingeweyhet, und die Namen S. Capistranus und S. Theresia gegeben worden. Wie man nun nebst solchen noch eines, nemlich S. Eugenius, und mithin in allem 10. Dergleichen Kriegs-Schiff biß anhero verfertiget, und mit allem, was nur immer zu solchem nöthigaufs allerbeste eingerichtet, so sollen solche sammentlich: 273416 fl gekostet haben."

Zusammenstellung der Schiffsdaten nach der „Eigentlichen und Warhafftigen Abbildung derer zu Wienn An. 1716 gebauten Kriegsschiffe":

Nr.	Name	Canonen	Schiffbaumeister	Kommandant
A	**S. MARIA, Admiralsschiff**	64	Thomas Davis	Vice Ad. Peter Anderson
B	**S. LEOPOLDUS**	54 (60 lt. Swendemann)	Focke Gersen	Capitain Buckelmann
C	**S. ELISABETH**	50	Focke Gersen	Capitain Tities
D	**S. JOSEPHUS**	40	Focke Gersen	Ob.Kr.Sch.Cap. Swendemann
E	**S. CAROLUS BOROMAEUS**	40	Focke Gersen	Capitain Siedo
F	**S. FRANCISCUS**	40	Wr.Stadtzimm.Mstr. Lonhard	Capitain Struck
G	**S. STEPHANUS***	30	Thomas Davis	Cap. Königsfeld

Der Stapellauf dieser ersten sieben Schiffe erfolgte am 15. Mai 1716, ihre Weihe am 15. Juli 1716. Die Abfahrt von Wien fand am 17. und 18. Juli 1716 statt. Zu den oben genannten sieben Schiffen kamen noch drei weitere dazu:

	S. THERESIA**	36 Kanonen	
	S. JOHANNES CAPISTRANUS	34 Kanonen	
H	**S. EUGENIUS**	46 (50?) Kanonen	(Vgl. Abb. S. 36, oben)

Diese drei Schiffe gingen am 14. Juni 1717 nach Belgrad ab. Die Besatzung des S. EUGENIUS bestand aus über 100 Seeleuten und ca. 130 Soldaten. Zum Begleitschutz dieser schweren Schiffe wurde noch eine Tschaikenflotte von ca. 30 Booten eingesetzt. Da die erstgenannten sieben Schiffe etwas schwerfällig waren, wurden die letzten drei leichter gebaut.

* *nicht zu verwechseln mit: ST. STEPHANUS 1737*
** *nicht zu verwechseln mit: ST. THERESIA 1737 und THERESIA 1768*

Kaiser Karl VI. (* 1. Oktober 1685 in Wien, † 20. Oktober 1740 in Wien)

Name des Schiffes:
S. LEOPOLDUS, zu Ehren des Hl. Leopold
Baumeister: Fogge Gersen, Hamburg
Bauort, -zeit: Wien, Fahnstangenwasser, 1716
Baumaterial: Eiche und Fichte aus dem Wienerwald
Länge, Breite, Tiefgang: 133 Fuß, 28 Fuß, 7 Fuß 9 Zoll
Kanonen: 60 Stück zu 6, 18 und 24 lb
Einsatz: Peterwardein, Belgrad 1717
Abwrackung: 1719
Kommandant: Kapitän Buckelmann

Schiffstyp: „Prahm" (= schwer bewaffnetes, flachgehendes, vollgetakeltes Segelkriegsschiff für die Küstenverteidigung und Flußsperren; im 18. Jahrhundert auch als „Maschine" bezeichnet)
Die großen Prahmen wurden zur Bekämpfung feindlicher Uferfestungen und als Stromsperren gegen die türkischen Tschaiken verwendet. Zum Schutz gegen überraschende Überfälle wurden die Schiffe immer von Tschaiken begleitet

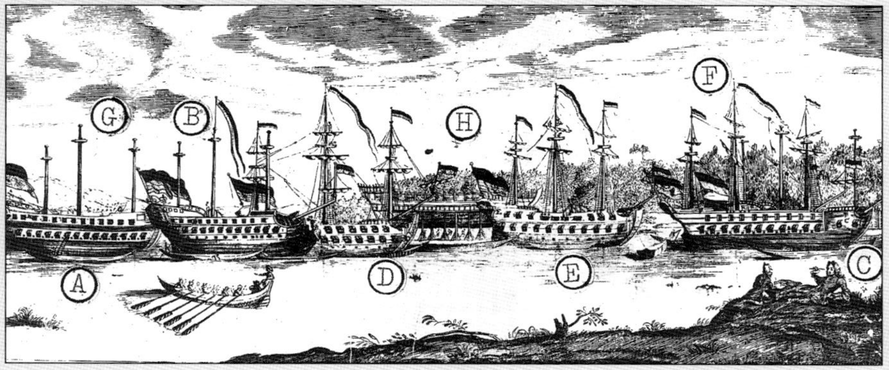

Zeitgenössische Darstellung des Bauplatzes am Fahnstangenwasser

Vom „Monath Marth bis August" (also in sechs Monaten!) wurden die sieben großen Schiffe der ersten Bauphase 1716 gebaut, die hier ziemlich unsachgemäß dargestellt sind. Dies ist nicht verwunderlich, da der Künstler offenbar noch nie Schiffe dieser Art an der Donau gesehen hat, wie das auch der zeitgenössische Text besagt. Trotzdem gibt diese Darstellung in Verbindung mit weiteren Unterlagen („Hielperen", „Stormarn" und „Boekenroode") wichtige Anhaltspunkte für die Rekonstruktionen dieser Schiffe und zeigt die viermastige Takelage (einschließlich Sprietmast), die Anzahl der Decks, die Lage der Stück- und Ruderpforten (nicht immer ganz klar) sowie die Seitentaschen.

Auch das tschaikenartige Beiboot im Vordergrund konnte rekonstruiert werden

S. EUGENIUS. Das Modell des Schiffes befindet sich im Türkenmuseum von Perchtoldsdorf

Prinz Eugen-Denkmal in Wien von A. Fernkorn

Schiffbauplätze in Wien

Ab 1676 ist der Name „Fahnstangenwasser“ (Archiv der Stadt Wien: Grundbuch 106/14) und ab 1769 der Name „Kaiserwasser“ (Karte F 329, Hofkammerarchiv) nachweisbar. Der Hauptstrom, die „große Donau“, war der am weitesten links gelegene große Arm dieses sehr verzweigten Flußsystems. Heute als „Alte Donau“ teilweise erhalten. Der alte Schiffbauplatz ist im Häuserschematismus von 1776 als „Kaiserliches Schiffbauamt“ (Leopoldstadt Nr. 90) bezeichnet. Dieses ist nicht zu verwechseln mit dem „Schiffamt“, dem Telonium Navigii auf der perspektivischen Ansicht „Eigentl. u. Neuester Prospekt der kaiserl. Residenzstadt Wien“ von Tobias Conrad Lotter, Augsburg 1740. Heute erinnert die „Schiffamtsgasse“ daran. Dieses Schiffamt am Donaukanal war nur Verwaltungsamt aber kein Schiffbauplatz und lag gegenüber der alten „Schanzelkapelle“. Das „kaiserliche Schiffbauamt“ am Tabor, auf einer Karte von 1775 auch als „k. k. Wasser Bau Amts Arbeitsplatz“ bezeichnet, war auch jene Stelle, wo um 1767 der von Maria Theresia nach Wien berufene Mainzer Schiffbaumeister Matthäus Hepp sein „Hofkommissions-Schiff“ baute und wo auch um 1793–1797 Graf Theodor Batthyany seine berühmte „Wassermaschine“ bauen ließ. Die von Ungarn kommenden Batthyanischen Segelschiffe legten im Donaukanal „bei den Weißgärbern“ an, heute Weißgerberlände oberhalb der Rotundenbrücke.

Schiffbauplätze in Wien

Vor 1529	Maximilianisches Arsenal am Donaukanal
Ab 1566	neues Arsenal beim Schottentor
1716	Fahnstangenwasser
1737	Fahnstangenwasser
1739	Heustadelwasser, Jesuitenwiese
1767	Fahnstangenwasser, Tabor
1798	Fahnstangenwasser, Fugbach

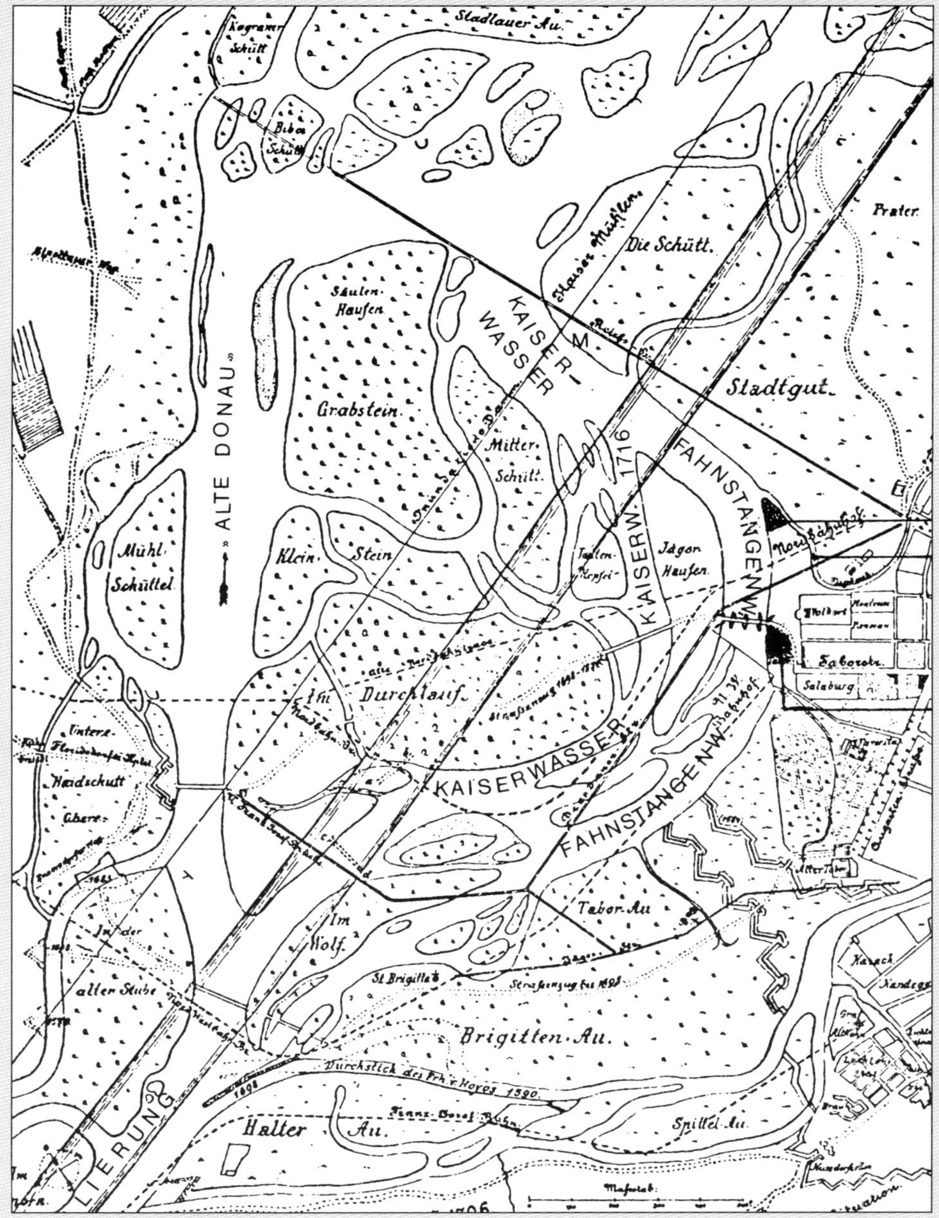

Die 4000 Eichenstämme aus dem Wienerwald wurden 1716 wohl auch so geschnitten wie hier noch um 1937 in Dalmatien

Doch auf ihrer Fahrt nach Belgrad saßen die Schiffe gelegentlich auf Sandbänken fest und mußten oft wochenlang auf höheren Wasserstand warten, während sie von Prinz Eugen für seine legendäre Rückeroberung von Belgrad dringend erwartet wurden.

Bei der Belagerung von Belgrad, die vom 19. Juni bis 18. August 1717 dauerte, kämpften die kaiserlichen Schiffe so tapfer, daß Prinz Eugen Lobschreiben an die Kommandanten schickte.

Der Feldzug endete mit der Eroberung von Belgrad. Am 5. Juni 1718 wurde der Friedenskongreß zu Passarowitz eröffnet, der den Höhepunkt der kaiserlichen Macht am Balkan darstellte.

1716 hoffte man, mit einem Gesamtbetrag von 72.000 fl. für den gesamten Flottenbau auszukommen. Das Tauwerk für die ersten sieben Schiffe kostete aber bereits 21.072 fl. Trotzdem wurden diese Takelagen angefertigt. Gesamtkosten: 273.416 fl.

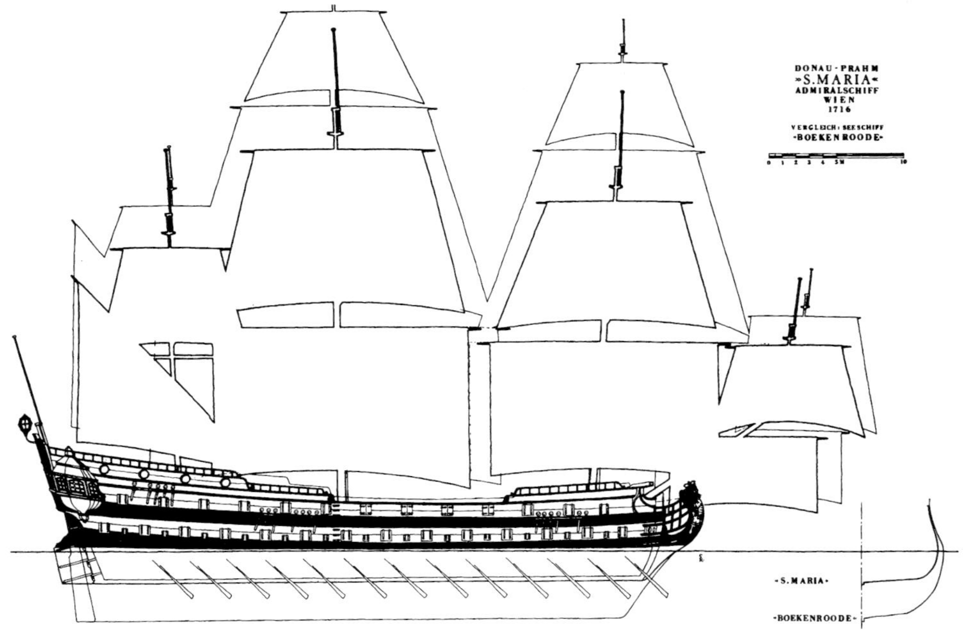

Admiralschiff S. MARIA, erbaut von Thomas Davis, Portsmouth

Die Bauweise des von Thomas Davis erbauten Admiralschiffes S. MARIA glich jener der Seeschiffe nur notgedrungen mit dem verringerten Tiefgang und der sehr reduzierten Takelage. Um diesen Unterschied zu verdeutlichen, wurde bei der Rekonstruktion zum Vergleich zu S. MARIA das Seeschiff BOEKENRODE von 1732 herangezogen, das ebenfalls eine Konstruktion von Thomas Davis war. Die BOEKENRODE hatte einen Tiefgang von fast fünf Metern, während die S. MARIA an der Donau nicht über 2,50 m haben durfte. Der größere Tiefgang bei Seeschiffen ist wegen der höheren Stabilitätsanforderung infolge des Seeganges und stärkeren Windes notwendig. Der Tiefgang wird durch schwere, solide Bauweise und durch Steinballast erreicht (später auch zusätzlich Eisenballast). Die Bauausführung der Donaukriegsschiffe war sicher erheblich leichter, der Spantabstand sicher viel größer und die Holzdimensionen geringer, da man aus den Erfahrungen der vorhergehenden Armamente wohl wußte, daß die Schiffe nur für einen Feldzug verwendet wurden.

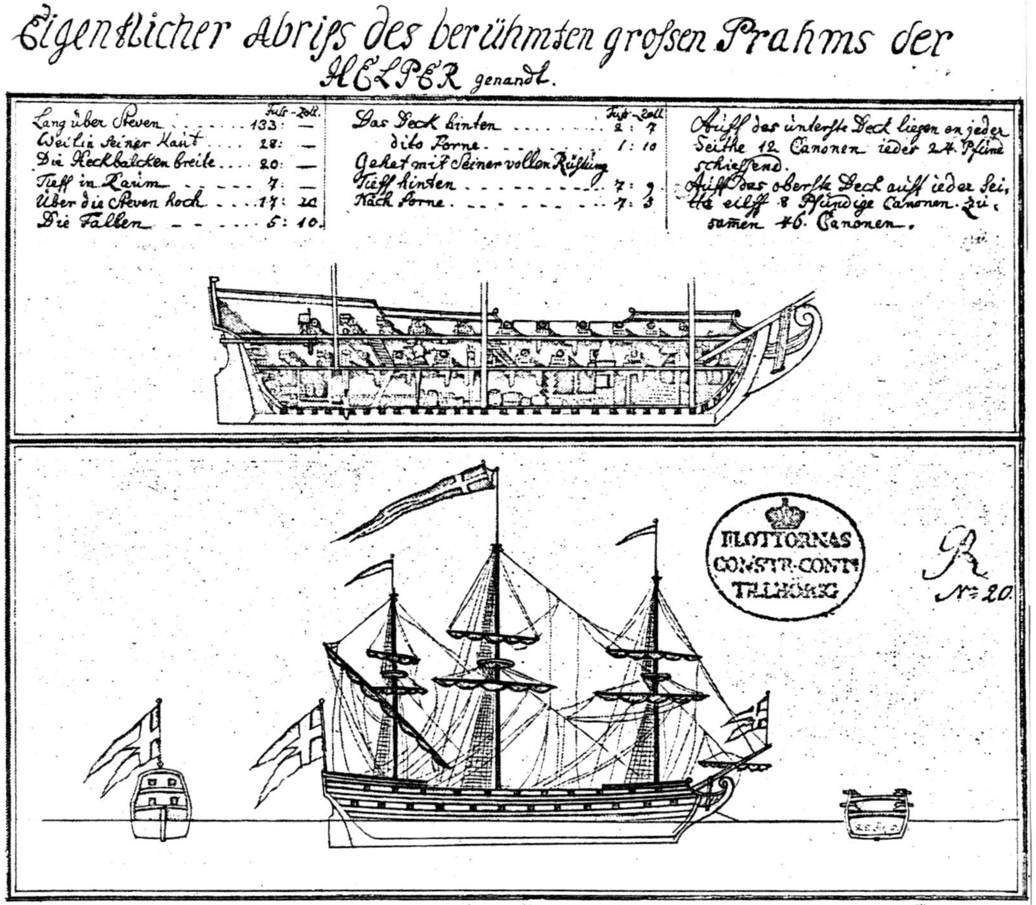

Schiffsplan der HELPER (auch HIELPEREN)

Durch die Suche nach geeigneten Vorlagen für den Schiffbau gelangte der dänische Schiffsplan der HELPER nach Wien. Dieses Schiff wurde 1715 für seichte Küstengewässer gebaut und schien auch für die Donau geeignet. Die auf dem Plan angegebene Länge von 133 Schuh wurde auch bei den Wiener Schiffen eingehalten.

Die großen Prahmen führten aber auch Beiboote (= Oranitzen) mit. Von einem dieser Fahrzeuge gibt es eine zeitgenössische Darstellung. Die Bildlegende weist darauf hin, daß diese „hiebei hergestellten Bohte od. Chaloupen mit unglaublicher Geschwindigkeit wider den Strom segeln“. Offenbar führten sie eine leicht aufstellbare Segeleinrichtung mit, wie dies auch bei späteren Beibooten von Kriegsschiffen fallweise vorkam.

Über die Art der Segel können nur Vermutungen angestellt werden. Es ist aber am ehesten anzunehmen, daß es sich um Latein-Segel handelte. Diese Takelungsart wurde schon im 16. und 17. Jahrhundert bei Nassaden und Galeeren auf der Donau angewendet und dürfte sich infolge ihrer Einfachheit sowie relativ guten Eigenschaften auf kleineren Fahrzeugen bewährt haben. Ähnliche Takelungen sind heute noch auf Nil-Fahrzeugen und anderen landesüblichen Flußfahrzeugen gebräuchlich. Die Angabe von „unglaublich schnellen Segeln wider den Strom“ dürfte ziemlich übertrieben sein, da diese Probefahrten sicher im Fahnstangenwasser durchgeführt wurden, einem relativ breiten Nebenarm mit geringer Strömung.

Nach siegreicher Beendigung der Kämpfe um Belgrad waren die Schiffe, die sich scheinbar trotz aller Schwierigkeiten bewährt hatten, nutzlos geworden. Der enorme Aufwand an Arbeit und Geld hatte sich offenbar gelohnt.

Aber was sollte nun mit diesen ihrer Funktion enthobenen Schiffen geschehen, die nicht mehr gegen den Strom nach Wien zurückgebracht werden konnten?

Eine Abbildung von 1719 kann darüber vielleicht Auskunft geben. Sie zeigt in der Savemündung und vor Belgrad große Schiffe mit eigenartigen Decksaufbauten und Zelten. Der Bildlegende nach sind es kaiserliche Kriegsschiffe und „Scheuken“ (= Tschaiken). Trotz der laienhaften Darstellung kann man bei genauerer Betrachtung zu dem Schluß kommen, daß es sich um die Wiener Prahmen handelt, die abgetakelt und auf deren Decks Hütten und sonstige Notquartiere für die Mannschaften und Besatzungstruppen errichtet worden waren. Wie lange diese „Hulks“ dort lagen, ist nicht bekannt. Wahrscheinlich wurden sie später abgewrackt und als Brennholz verkauft.

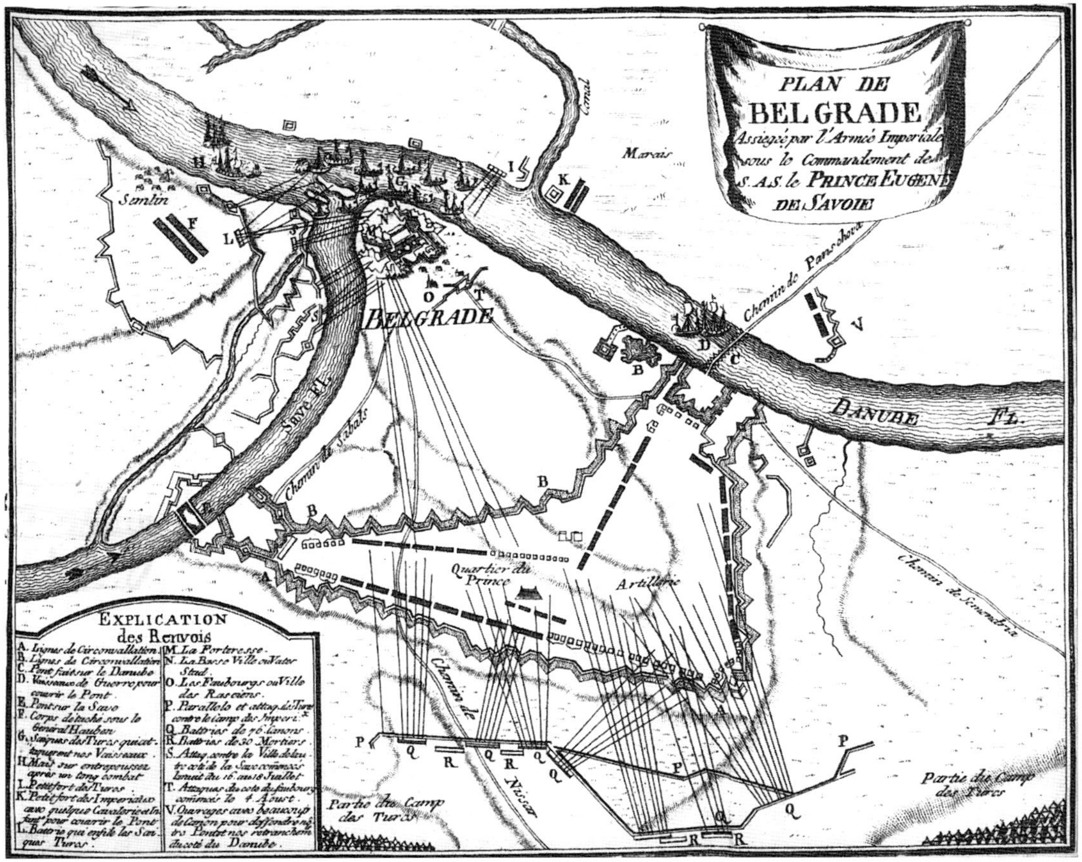

Darstellung der Schlacht bei Belgrad 1717. Kaiserliche Kriegsschiffe bei Kalemegdan

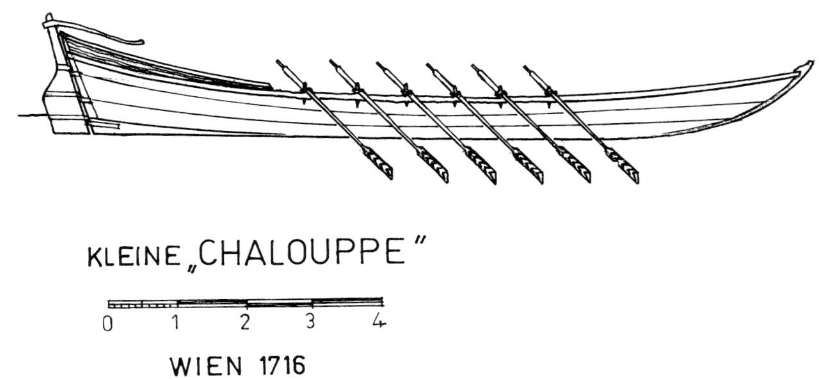

Die Abbildung zeigt eines dieser zillenartigen Fahrzeuge, leider ohne Segel, mit sehr hohem „Stoir Stock" (Achtersteven) mit Timon (Heckruder, Stevenruder) und sechs Paar Seitenruder, deren Ruderblätter mit Streifenornament verziert sind

Ende der Schiffe bei Belgrad 1719

4. Das Prunkschiff Karls VI.

Kaiserliches Prunkschiff Karls VI.
Die zeitgenössische Tusche-Zeichnung, in Grautönen gemalt, signiert mit Nikolaus Mill(nik?) 1731, zeigt ein barockes Prunkschiff vor dem kaiserlichen Schiffamt in der Leopoldstadt. Es scheint, als werde dieses Schiff eben fertiggestellt und vor einem seitlichen Ablauf in den Donaukanal von drei Hofbeamten (links im Bild) inspiziert. Das Dekor ist am Original erkennbar, die Proportionen des Schiffes scheinen jedoch wie meist bei derartigen Darstellungen nicht zu stimmen, außerdem wurden einige unwesentlich scheinende Dinge weggelassen, z.B. Ruderstände und der Aufgang auf die Terrasse. In der Rekonstruktion wurde versucht, eine komplette Darstellung zu geben.
Auffallend sind das ausgeprägte Streifenmotiv und die Ornamentik. Das Gransl (= Galion) wird von einem stilisierten Widderkopf beherrscht. Dieses Motiv geht auf das Glückssymbol des „Goldenen Vlies" zurück.
Noch vor wenigen Jahren fand man das Widderhorn-Motiv in vereinfachter Form als Stevenzier mancher landesüblicher Fahrzeuge der Adria

Stockanker mit Holzstock waren zu dieser Zeit nur auf Kriegsschiffen üblich. Die eigenartige Pflugen-Form kann möglicherweise auf Versuche zurückgehen, um die beste Ankerform für den Flußgrund zu finden

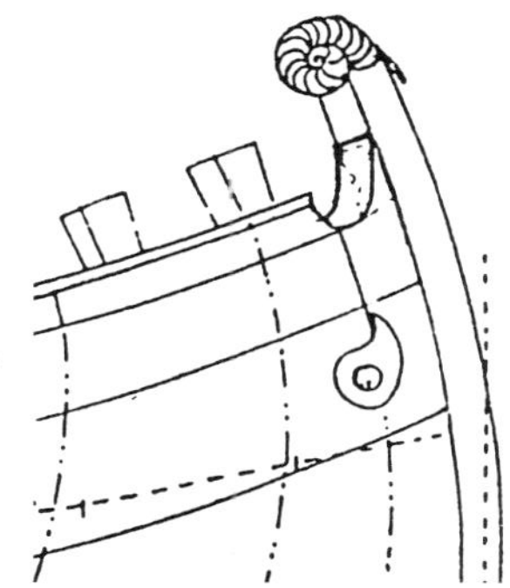

LEIBSCHIFF v. KAISER KARL VI.
WIEN 1731

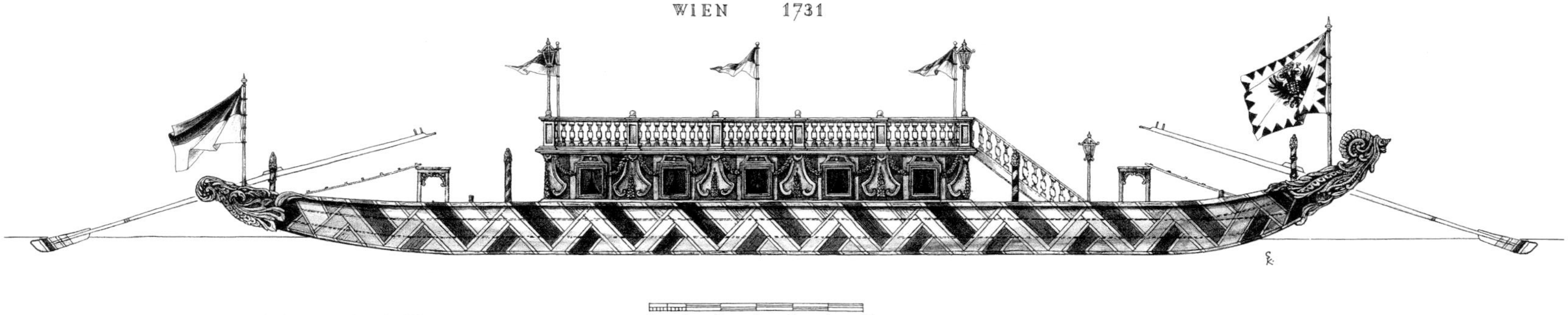

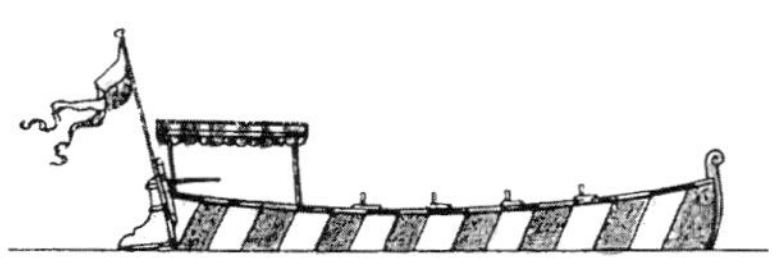

Kaiserliches Leibschiff 1731 (Karl VI.)
Interessant ist die Form des herrschaftlichen „Beibootes", die eher einem rundspantigen Boot mit Spiegelzier und Stevenschnecke als der sonst üblichen Zillenform entspricht

5. Die Donaukriegsschiffe von Kaiser Karl VI. im 2. Türkenkrieg 1736–1739

Die Türken waren nach der militärischen Konfrontation der Jahre 1716 bis 1718 wiederum nicht endgültig neutralisiert worden. Nach dem Tode Prinz Eugens im Jahre 1736 wurde der in österreichischen Diensten stehende Genuese Comte Lucca Pallavicini, Sohn des Josef Grafen Pallavicini und Lucia, einer geborenen di Ottavio Catorio, nach Wien berufen, um ein neues Donau-Armament aufzustellen. Pallavicini war am 3. November 1697 in Genua geboren worden und verstarb am 27. September 1773 in Bologna.

Der Graf, auch als Gianlucca bekannt, hatte seinerzeit die Finanzierung der Triestiner Marine dem in ständigen Geldnöten steckenden Kaiser Karl VI. vorgestreckt, ahnte, daß man in Wien wieder mit seiner finanziellen Großzügigkeit rechnen werde, und zögerte zuerst. Schließlich nahm er aber die Berufung doch an und schoß wieder große Summen für den Bau von Donaukriegsschiffen vor.

Tatsache ist jedenfalls, daß sehr umfangreiche Akten über Geldangelegenheiten vorhanden sind, meist in französischer Sprache verfaßt. Über das Aussehen dieser Schiffe und deren Bauplätze ist aber sehr wenig bekannt. Hier klafft leider im Hinblick auf zeitgenössische Abbildungen und Schiffspläne eine Lücke, die nur mangelhaft geschlossen werden konnte, da lediglich drei Projektpläne vorhanden sind, die in diese Zeit passen.

Was ist dennoch über diese etwas unübersichtliche Angelegenheit festzuhalten?

Der Flottenbau wurde in Wien und Belgrad durchgeführt. Als Admiral und Oberbefehlshaber der Donauflotte 1736–1739 fungierte Comte Lucca Pallavicini, der Schiffe nach seinen Angaben in Wien bauen ließ.

1737 baute man die vier große „Linien-Schiffe" mit zwei „Stockwerken" (= Decks), an anderer Stelle als „Galleen" bezeichnet, was aber an der Donau keineswegs bedeutet, daß es wirklich „Galeeren", „Linienschiffe" im eigentlichen Sinne waren. Außerdem wurden noch vier Schaluppen, also kleine, wendige Boote nach Tschaiken-Art mit nur je vier Kanonen gebaut.

Aus zeitgenössischen Berichten ist folgendes zu entnehmen. P. Mathia Fuhrmann berichtet darüber im „Anderen Theil" des Buches „Altes und Neues Wien" 1739:

„Dieses Fruhe-Jahr (1737) und angehenden Sommer hindurch, hat man die Arbeit dahier an den Donau-Arm, in Erbauung 4 großer Kriegsschiffen, deren das größte bis 40, die kleineren aber 36 Stück führen sollten, mit grösten Eifer fortgesetzet, um sich derenselben auf der Donau zu bedienen, worzu die Matrosen zu Hamburg, Genua und Livorno angeworben wurden.

Der 6. Junii sodann wurde vormittag, in Zuschauung einer grossen Menge hoher und niederer Standes-Personen, eines von sothanen dahier neu erbauten Schiffen in das Wasser gesetzet, und ward sowohl an demselben als an den übrigen mit allem Fleiß, um selbe so bald als möglich in völligen Stand zu setzen, und nacher Belgrad abzuschicken, gearbeitet.

Den 1. Julii wurden besagte in völligen Stand gebrachte 4 Kayserliche Schiffe, nachdem sie die Brucken glücklich passieret, unterhalb denenselben in der Au, von Ihr. Hochfürstl. Eminenz Herrn Sigmund, Cardinal und Ertz-Bischoffen allhier zu Wien, mit denen gewöhnlichen Ceremonien, und Haltung der H. Messe auf dem Admiralsschiff, unter Abfeuerung deren Stucken von den Schiffen, getauffet, und ihnen folgende Namen, nemlich dem ersten:

‚Der Adler' In honorem Immaculate Conceptionis B.M.V. dem anderten: ‚Der Löw' In honorem SS. Leopoldi, & Joannis Baptistae. Dem dritten: ‚Das Meeres-Roß' In honorem S.Josephi. Dem vierten: ‚Der Wasser-Mann' In honorem S. Michaelis Archangeli, beygeleget.

Nachmittag gegen den Abend, beliebte es beeden regierenden Kayserl. Majestätten und denen Durchläuchtigsten Ertz-Hertzoginnen, Maria Anna und Maria Magdalena, in Gefolg dero gantzen Hof-Staats, und Begleitung des Hohen Kayserl. Ministerii und vielen Adels, benannte 4. Kriegs-Schiffe, welche alle ihre Flaggen und Wimpeln fliegen liessen, in allerhöchsten Augenschein zu nehmen, und sich auf das Admiral-Schiff, unter Abfeuerung dern Stucken, zu verfügen; wie auch sowohl über diese, als hernach auch über die 4. neue ebenfalls hier gebaute Schaluppen, welche ihre Fertigkeit hin

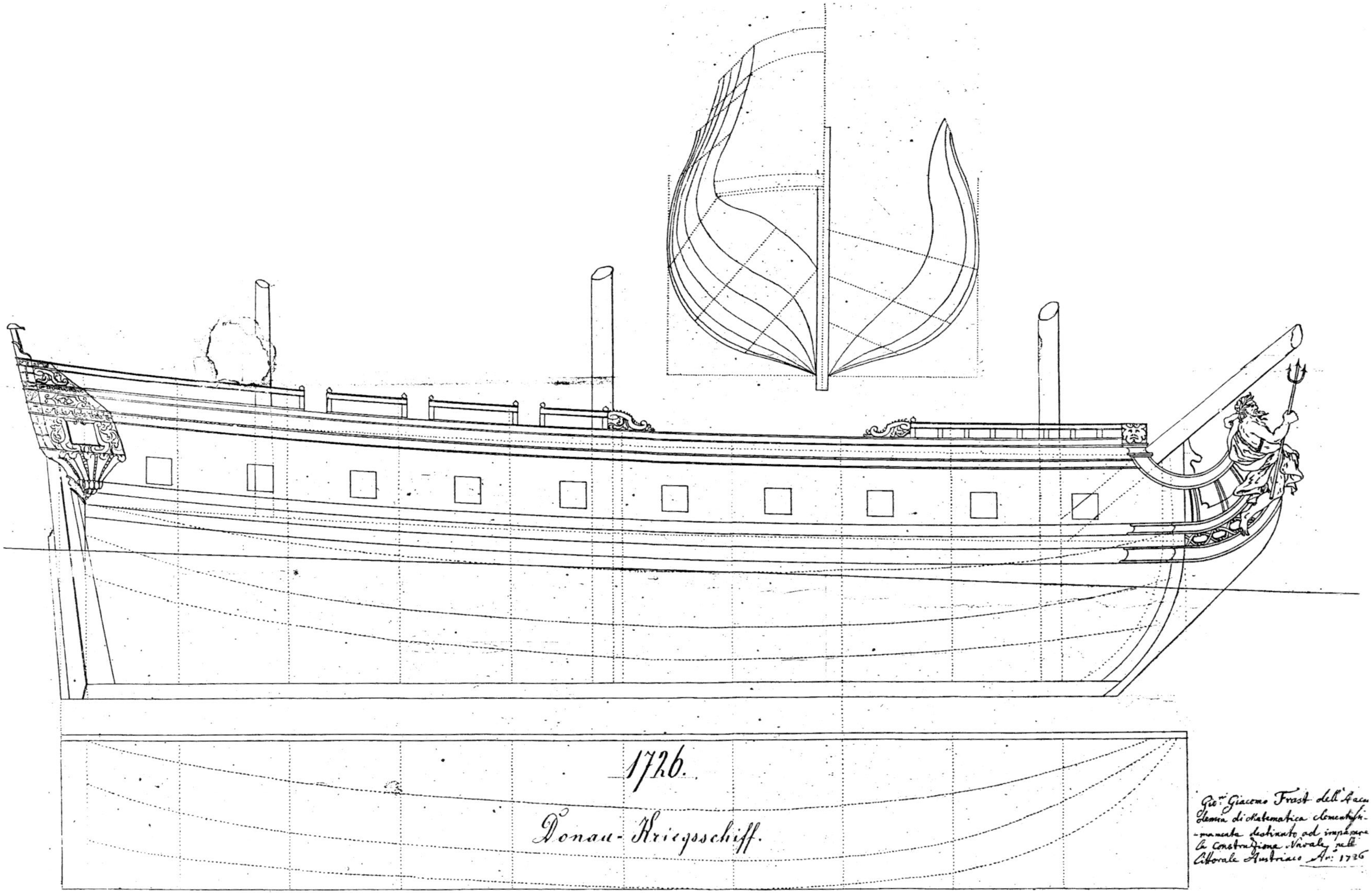

Auf der Suche nach Vorbildern für die Donau-Armamente dürfte dieser Plan eines vermutlich venezianischen Schiffes von 1726 nach Wien gelangt sein, wo er als „Donaukriegsschiff" archiviert wurde. Nach der Form des „lebenden Werkes", wie man den Unterwasserteil eines Schiffes bezeichnet, und der Ruderform zu schließen, handelt es sich eindeutig um ein Seeschiff. Für die Verwendung auf der Donau hätten erhebliche Veränderungen vorgenommen werden müssen. Die Planbeschriftung „Donau-Kriegsschiff" ist daher irreführend, und zwar der italienische Text (rechts unten): „... ein Schiff für die österreichische Küste".

Tatsache ist, daß eines der 1737 in Wien gebauten Schiffe Pallavicinis den Namen Il TRITONE (= der Wassermann) führte, was einen Zusammenhang mit der Galionsfigur des Schiffsplanes ergibt. Auch das Bandornament der Galion ist dem Wiener Schiff sehr ähnlich. Ein Zufall?

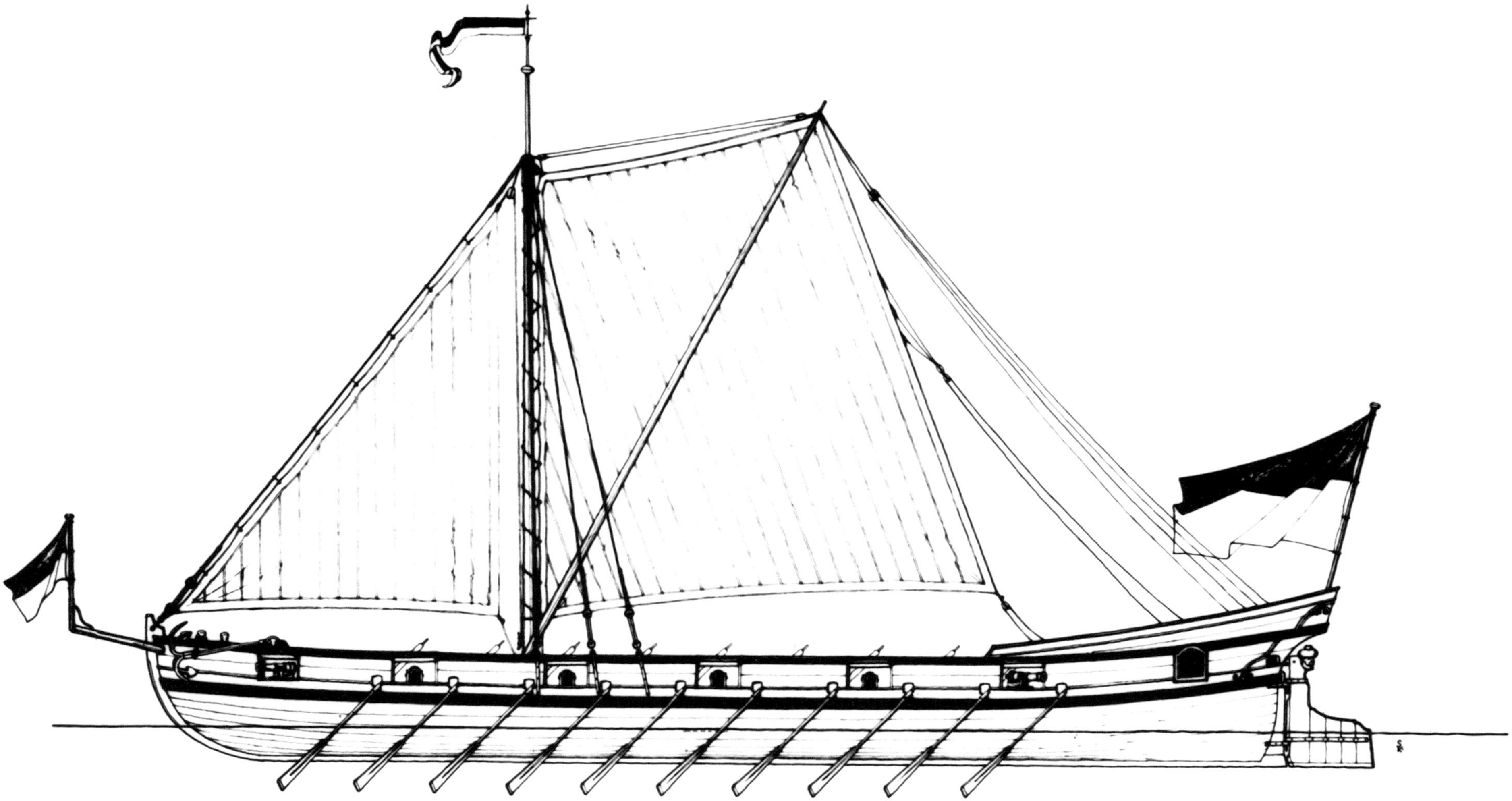

Projekt von Ludwig Born: 1737 wurde dieses Projekt eingereicht, das neben einem Schiffsentwurf auch dessen Verwendung zeigt. Auffallend ist, daß dieser Entwurf, der vielleicht nie ausgeführt wurde, das Prinzip einer „Sprie-Segel-Tschaike“ vorwegnimmt, wie diese in ähnlicher Form nach 1768 in Gebrauch kamen [siehe Rekonstruktionszeichnung des Verfassers – Anm.]

Admiral Lucca Comte Pallavicini

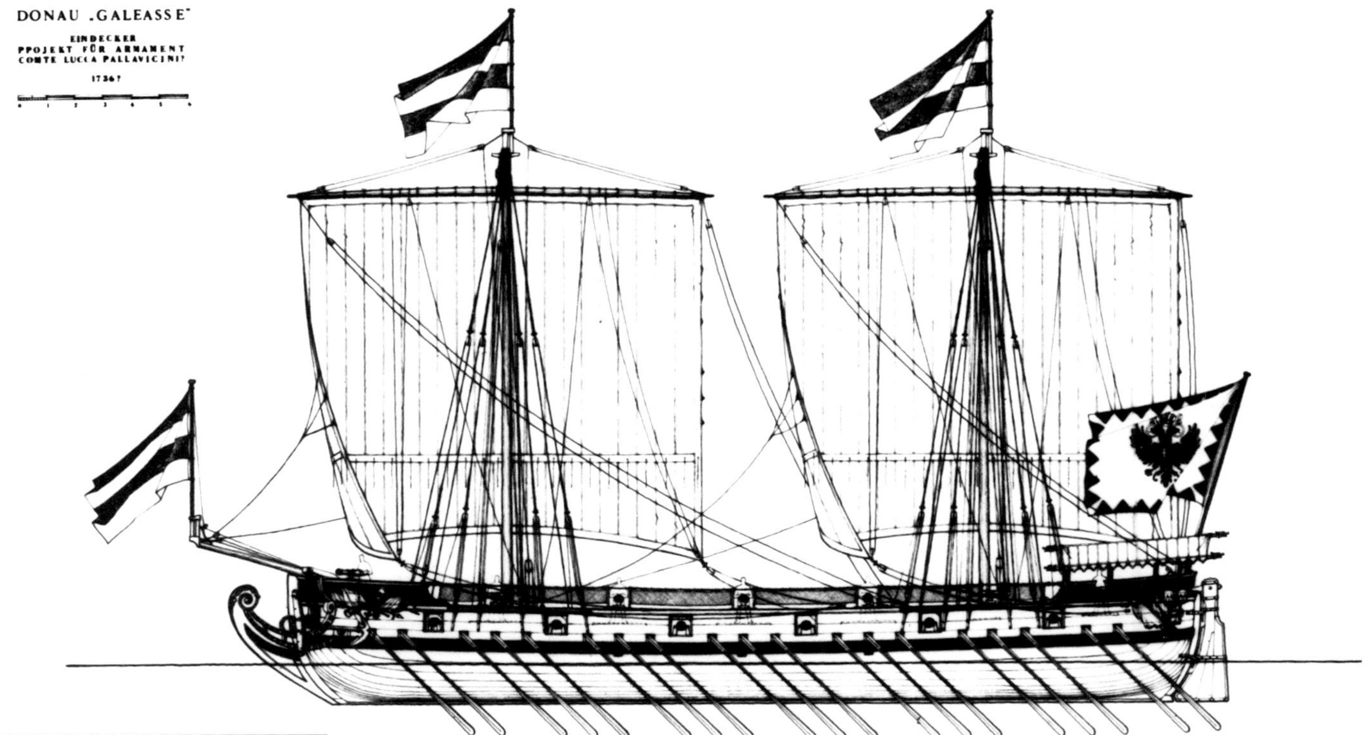

Es ist möglich, daß solche Schiffe bei den Kämpfen um Ada Kaleh beteiligt waren. Diese Donauinsel, zwischen Orsova und dem Eisernen Tor, wurde bereits im 17. Jahrhundert von Kaiser Leopold I. befestigt und ging im 2. Türkenkrieg Karls VI. 1738 verloren. Bei den Friedensverhandlungen nach dem Ersten Weltkrieg wurde die Insel „vergessen" und heute ist sie durch den Rückstau des Staudammes beim Eisernen Tor in den Fluten versunken

Um diese Zeit entstand auch der Providentia-Brunnen von R. Donner, Wien I., Neuer Markt, eine allegorische Darstellung der Donau und ihrer Nebenflüsse

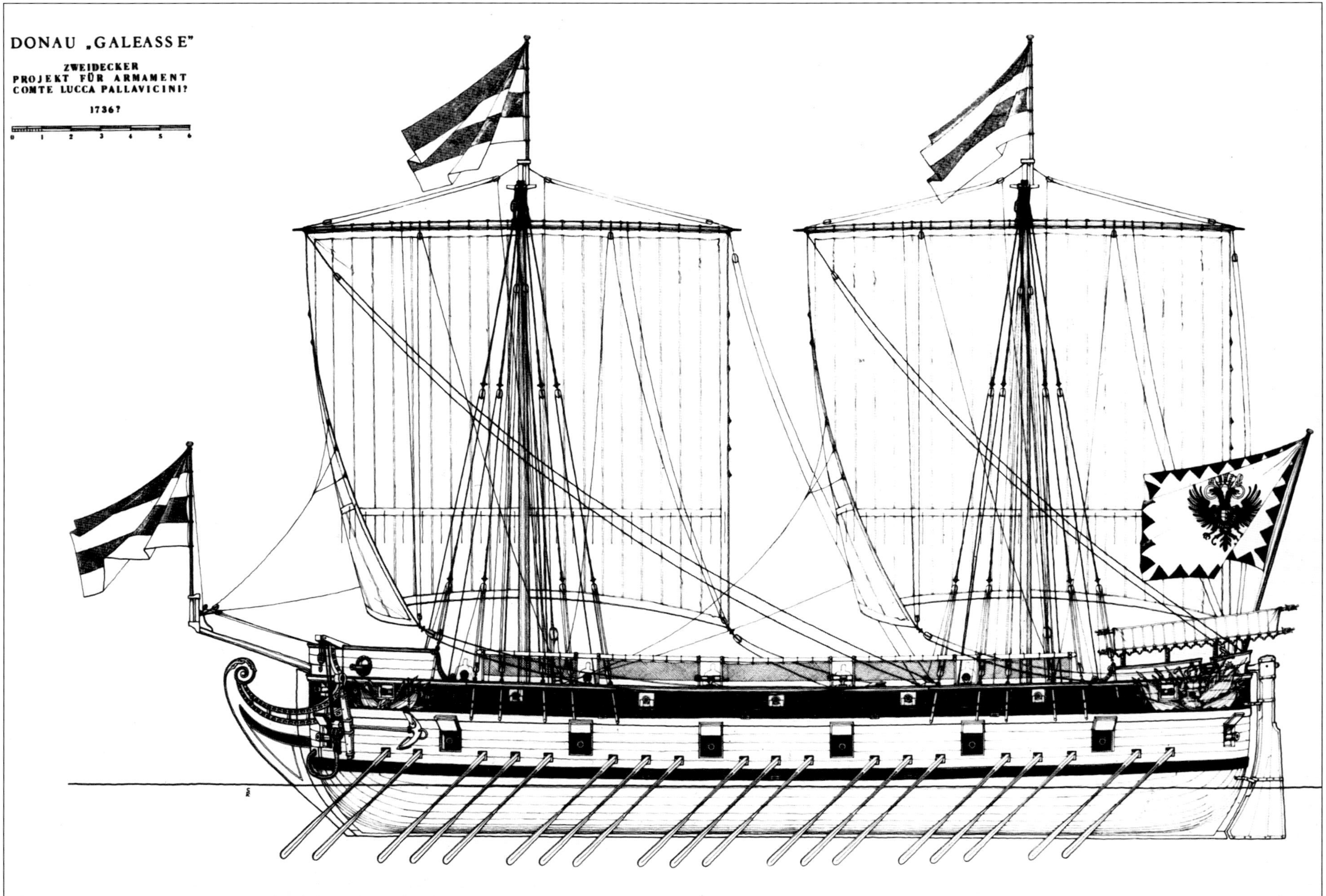
DONAU „GALEASSE"
ZWEIDECKER
PROJEKT FÜR ARMAMENT
COMTE LUCCA PALLAVICINI?
1736?
0 1 2 3 4 5 6

und her ruedern auf der Donau, und Abfeuerung ihrer in jeder aufhabenden 4. kleinen Canonen zeigeten, nicht allein ein allergnädigstes Vergnügen verspühren, sondern auch Ihro Majestät der Kayser unter andern dero Admiralen, Herrn Marchesen Pallavicini, durch dero Kayserl. Herrn Hof-Cammer-Rath, und geheimen Cammer-Zahlmeister Edlen von Dierr, für das unterhabende Schiff-Volck 600. Species-Ducaten, unter solchen auszutheilen, behändigen zu lassen. Worauf den

4. Julii Nachmittag diese Kriegs-Schiffe und Schaluppen von hier abgefahren. Sie seynd aber nicht weiters, als biß am untern Theil des Praters gekommen, woselbst sie aus Ursache des widrigen Windes, und der in der Donau befindlichen Sand-Bänke biß den 12. dieses aufgehalten worden. Man hat deßwegen sich mit auf der Donau erfahrnen Schiffleuten versehen, nichts destoweniger aber ist eines auf einer in der Gegend Petronell befindlichen Sand-Bancke durch 5. Wochen stehen geblieben."

Eine interessante Episode soll hier nicht vergessen werden: Johann Jakob Michael Küchel schreibt von seiner großen Studienfahrt (Reisebericht 1737, Staatsarchiv Bamberg), die ihn auch nach Wien geführt hat:

„1737 Dem 15.ten nach mittag mit dem Herrn von Hillenbrand an die damahls in arbeith gewesenen 4. Galléen gefahren; allwo zu sehen bekommen, wie mann der gleichen große machinen von platz bringen könne, weillen eben damals eine Gallée in das wasser gebracht worden, wobey viele unordnungen vorbey gegangen, weillen von allerley nationen alda gearbeithet, auch bey der in das wasser bringen dießer Galléen ein großes unglück wegen unvorsichtigkeit geschehen können, indeme das Ankerthau abgesprenget, und das Schiff seinen schuß gegen ein anders genohmen, die brucken und die schieff ruiniren können; Herr von Hillenbrand ware sonstens sehr höflich, ..."

Der geniale Barock-Architekt Prinz Eugens, Johann Lukas von Hildebrandt, war ursprünglich Festungsbaumeister. Es ist daher nicht verwunderlich, daß er an militärischen Bauvorhaben, im vorliegenden Fall Kriegsschiffbauten, interessiert war.

Für den Kriegsschiffbau in Belgrad war 1737 Oberst de la Merveille verantwortlich, der von Wien nach Belgrad entsendet wurde. Merveille war Pallavicini feindlich gesinnt, da er nicht selbst zum Admiral ernannt worden war. Diese Rivalität könnte zu den späteren Mißerfolgen beigetragen haben.

Es wurden in Belgrad fünf Schiffe nach den Angaben Merveilles gebaut: ST. CARLO mit 30 Kanonen, ST. ELISABETH mit acht Kanonen, drei weitere Schiffe mit je 24 Kanonen, erbaut von Focke Gersen und Kapitän Assmann. Da die großen Schiffe Merveilles einen Tiefgang von sechs Schuh (ca. 1,90 m) hatten, übte Pallavicini heftige Kritik, daß sie nicht durch das „Eiserne Tor" zu bringen seien. Die (seine) Schiffe, die in Wien gebaut wurden, könnten dagegen schon in 3 $^1/_2$ Fuß (ca. 1,10 m) Wassertiefe fahren. Trotz dieses geringen Tiefganges saßen die Schiffe Pallavicinis auf Sandbänken fest, wie P. Fuhrmann berichtet. Die Schuld lag an der ausländischen, stromunkundigen Besatzung, weswegen man dann erfahrene Donau-Schiffleute einstellte.

Das Bauholz für die Belgrader Schiffe, vermutlich Eiche, stammte aus den Wäldern von Hubba. Die Zimmerleute kamen aus Triest, Venedig, Fiume und Buccari, die Besatzung aus Hamburg, Triest und Neapel. Um die Schiffe auszurüsten, schickte Pallavicini Tauwerk, Segel und (Stock) Anker von den Schiffen aus Triest und Fiume über Karlstadt die Save abwärts nach Belgrad. 1739 wurde die Flotte mit sechs „Fregatten" (an anderer Stelle auch als „Galeazen" bezeichnet) verstärkt. Sie wurden offenbar in Wien gebaut, was aus einem Brief hervorgeht, den Pallavicini Jahre später am 25. Februar 1766 an Kaiser Joseph II. schickte, mit der gewünschten Beurteilung der damals in Klosterneuburg in Bau befindlichen Fregatte. Es gab offenbar Schwierigkeiten mit Holz, denn er schrieb darin:

„Die Kostspieligkeit und Seltenheit des Holzbestandes in der Umgebung Wiens hat mich überrascht, umsomehr, als in den Jahren 1737 und 1739 davon genug vorhanden war, um vier große Linienschiffe zu 60 Kanonen und sechs Fregatten zu bauen. Das damals verwendete Holz stammte von einer Tannenart; es hatte rötliche Farbe, war sehr leicht zu bearbeiten und härtete sich im Wasser immer mehr. Man fand in der Umgebung von Laxenburg Bäume von genügendem Durchmesser, um daraus die größten Schiffsplanken und Deckbalken zu zimmern. Diese Baumart wird wohl noch nicht ausgestorben sein; falls sie wieder gefunden wird, verfügt man über ein Holzmaterial das als billiger und ebenso gut, ja besser als Eichenholz gelten darf."

Der oberste Schiffsmeister Freiherr von Riepke, ein Hannoveraner in den Diensten Maria Theresias, berichtete in seiner Antwort dagegen von Lärchenholz, das aber in der Umgebung von Laxenburg 1766 nicht mehr gefunden wurde. Wie Herr Dr. Wendelberger vom Wiener Universitätsinstitut für Botanik mitteilt, hat es auch 1737 keine Lärchen bei Laxenburg gegeben. Die nächsten Bestände in dieser Gegend wären damals wie heute bei der Hohen Wand und am Wechsel zu finden. Pallavicini dürfte also „Schwarzföhre" gemeint haben.

Wo sich der Bauplatz der Pallavicini-Schiffe in Wien befand, läßt sich nicht genau feststellen. P. Fuhrmann berichtet, daß die vier Schiffe „die Brucken glücklich passieret" haben. Damit kann wohl nur die „Fahnstangen-Brücke" gemeint sein, womit als Bauplatz von 1737 der gleiche wie 1716 angenommen werden kann. Infolge fortschreitender Versandung des Fahnstangenwassers (seit 1716) wurden die Schiffe 1737 mit weit geringerem Tiefgang (ca. 1,10 m gegenüber 2,50 m) gebaut.

Die sechs Fregatten von 1739 könnten am sogenannten „Feuerwerksplatz" beim Heustadlwasser gebaut worden sein, der angeblich für den Schiffbau abgeholzt wurde. Er lag in der Nähe der heutigen Jesuitenwiese, eines bekannten Spiel- und Erholungsplatzes. Manche Autoren verlegen den Schiffbau von 1716 irrtümlich an diesen Platz.

1737–1739 waren folgende Kriegsschiffe auf der Donau gebaut worden: L'AQUILA IMPERIALE (Der Adler), IL TRITONE (Der Wassermann), IL LEONE (Der Löwe), IL CAVALLO MARINO (Das Meerroß) – alle in Wien, ST. CARLO, ST. ELISABETH, ST. FRANCESCO, ST. FRANCESCO DE PAULA, ST. MARIA ANNA, ST. CATARINA, ST. STEPHANO (nicht verwechseln mit 1716), ST. THERESIA (nicht verwechseln mit 1716 und 1768) in Belgrad. Die Gesamtbesatzung bestand aus ca. 2689 Mann.

Dieser Feldzug verlief erfolglos, und die 1717 eroberten Gebiete südlich von Belgrad gingen wieder an die Türken verloren.

6. Die Schiffbauten in der Kriegswerft von Klosterneuburg

Seit dem unglücklichen zweiten Türkenkrieg Kaiser Karls VI. in den Jahren 1737–1739 zur Wiedererlangung der Gebiete um Belgrad, herrschte unsicherer Friede. Man mußte mit einem neuerlichen Kriegsausbruch mit der Hohen Pforte und mit einem Vordringen der Türken auf der Donau rechnen. Daher schlug der oberste Schiffsmeister Freiherr von Riepke dem Hofkriegsrat vor, ein Donau-Armament in Friedenszeiten aufzustellen und nicht erst bei Kriegsausbruch.

Riepke fand gemeinsam mit dem kroatischen Schiffsbaumeister Antonio Czenkovic bei Klosterneuburg einen geeigneten Platz und gründete 1763 die k.k. Kriegswerft, ungefähr dort, wo sich heute die Anlagen der Pionierkaserne befinden.

Das erste Schiff, das Czenkovic baute, war eine Art Trabaccolo ganz in der durch Generationen vererbten adriatischen Bautradition. Der Schiffsrumpf war sicher sehr ähnlich der auf S. 49 abgebildeten dalmatinischen Braccera von 1935. Das Schiff entsprach auf der Donau nicht den Erwartungen. Eine Probefahrt wurde 1764 bei Semlin durchgeführt. Unter Riepkes Leitung wurden auf der Donau Fahrten unternommen, um den fremden Schiffsleuten aus dem Norden die Eigenart des Flusses vor Augen zu führen.

Zur Erprobung der Vor- und Nachteile verschiedener Schiffstypen wurden verwendet: eine alte wieder instand gesetzte Schaluppe vom Armament 1739, das von Czenkovic erbaute Boot (Trabaccolo oder Braccera) von 1763 und eine Segelbarkasse. Ende Oktober 1764 fuhr man gegen Peterwardein ab, da Niedrigwasser herrschte. Um Aufsehen an der türkischen Grenze zu vermeiden, fuhren außer Riepke nur der schwedische Schiffbaumeister Erik Åhsberg, ein Schiffer, ein Bootsmann, zwei Matrosen und ein Zeichner mit.

Im Zusammenhang mit dem Trabaccolo soll darauf hingewiesen werden, daß es oft am oberen Ende des Vorderstevens eine Verzierung hatte, die ursprünglich ein Fell darstellte: Dabei handelte es sich um das „Gol-

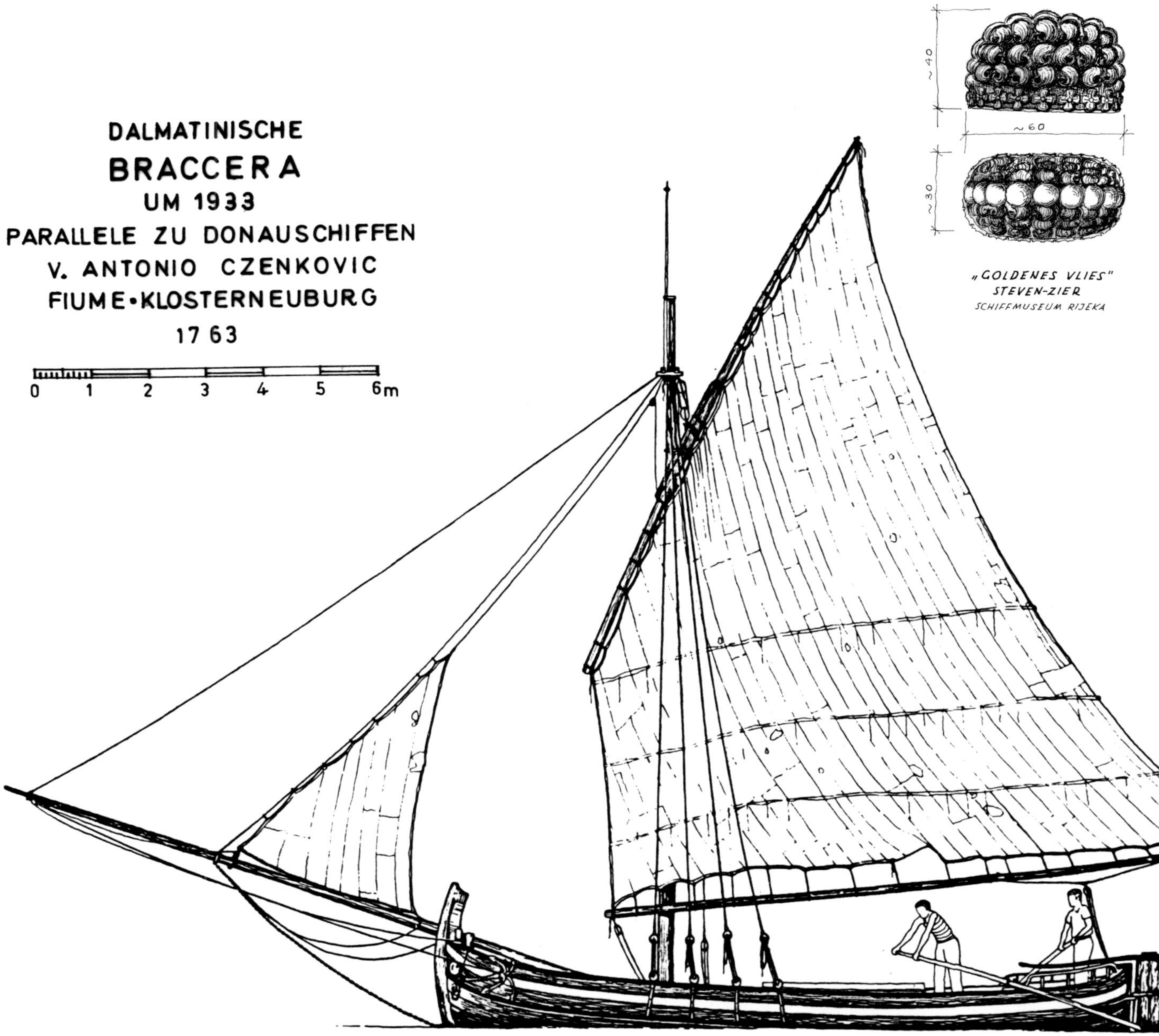

Trabaccolo mit Stevenzier. Dalmatien, um 1935

Das erste Versuchsschiff in der neuen Kriegswerft in Klosterneuburg. 1763 war ein Trabaccolo oder eine Braccera gebaut worden, wie sie in Dalmatien üblich waren

dene Vlies“ als Glückssymbol. Diese stilisierte Felldarstellung aus Holz wurde im Laufe der Zeit bis zur Unkenntlichkeit vereinfacht.

Heute sieht man nur mehr ganz selten diese haubenförmigen Gebilde, die keinerlei Ähnlichkeit mehr zu einem Fell aufweisen. Meist wurden sie einfach vom Steven entfernt, weil man die Bedeutung nicht mehr kannte, so daß nur noch die Steckzapfen zu sehen sind. Interessanterweise hängt aber das Goldene Vlies auch wieder mit der Donau zusammen, da der Legende nach die Argonauten vom Schwarzen Meer über die Donau, die sie „Istros“ nannten, angeblich über Nebenflüsse (Save, Kulpa) bis an die Adria kamen. So soll auch Istrien seinen Namen bekommen haben. Das Wappen Istriens stellt einen goldenen Widder auf blauem Grund dar – ein Hinweis auf das „Goldene Vlies“?

Seltener findet sich die Stevenzier mit den Widderhörnern, die ebenfalls eine Andeutung an das Goldene Vlies sind.

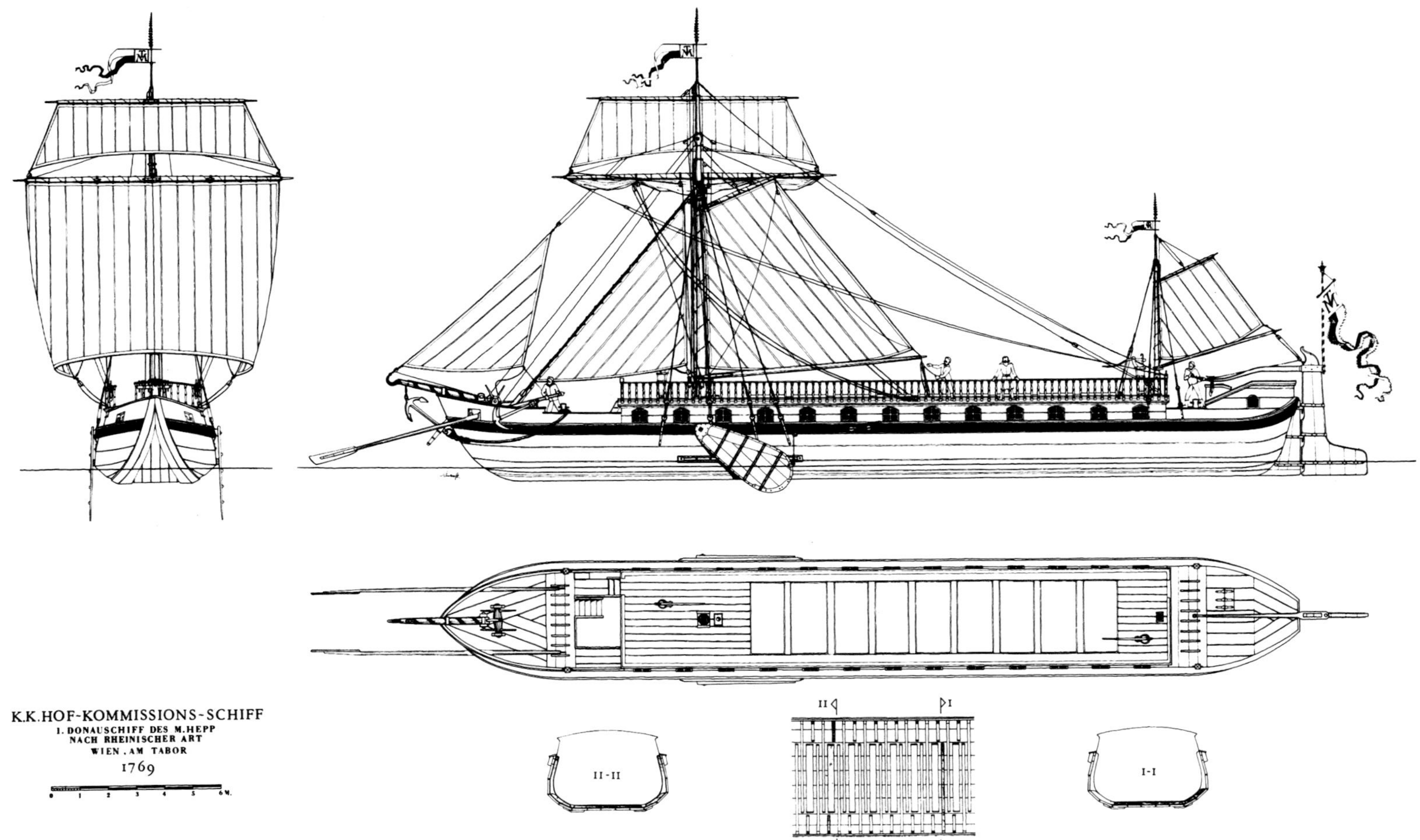

Schiff des Matthäus Hepp (gleichzeitig k. k. Hofkommissionsschiff), 1769

7. Sonderschiffe

In landesmütterlicher Sorge versuchte Maria Theresia die Donauschiffahrt durch Einführung von Segelschiffen aus Eichenholz nach rheinischer Art zu verbessern. Um einen Anreiz zu geben, bestellte sie bei dem Mainzer Schiffbaumeister M. Hepp, der am Tabor auf allerhöchsten Befehl eine Werft erhielt, ein Leibschiff, das aber vor seiner Vollendung durch einen Brand vernichtet wurde. Auf Grund persönlicher Protektion der Kaiserin konnte Hepp gegen den Widerstand der einheimischen Schiffsmeister 1769 ein Schiff rheinischer Art am Fahnstangen-Donauarm erbauen.

Um seine Verwendbarkeit zu beweisen, mußte es lange Fahrten auf Donau, Save und Theiß als „Hofkommissionsschiff" absolvieren. Obwohl die Fahrten offenbar zur Zufriedenheit der Kommission ausfielen, konnte sich dieser Schiffstyp an der Donau nicht durchsetzen, auch dann nicht, als Prämien für Schiffsmeister ausgesetzt wurden, die sich ein solches Schiff mit Segel, Anker, Troklea (= Winde, Ankerspill) und Timon (= Stevenruder) anschaffen würden. Dieses Eichenschiff war zwar zehnmal teurer als die landesüblichen Weichholzschiffe (= Kehlheimer), konnte aber 30 Jahre verwendet werden (Weichholzschiffe dagegen nur drei Jahre, siehe Brandmarkung). Nur einige „Heppischen Schiffe" und Anhangschiffe wurden in Hepps zweiter Werkstatt in Karlstadt (heute Karlovac an der Kulpa) gebaut, die im letzten Türkenkrieg 1789 als Hilfskriegsschiffe bei Belgrad Verwendung fanden.

Hepp wurde trotz des Widerstandes der einheimischen Schiffsmeister mit dem Monopol für den Salztransport auf der Theiß bis Szeged ausgestattet und begründete mit seinen Schiffen den Transport mit diesem Rohstoff. Gewisse Ähnlichkeiten mit dem Hepp-Schiff sind in ungarischen Getreideschiffen unschwer zu erkennen.

Anker, Troklea und Timon bürgerten sich nur langsam auf der oberen Donau ein, Segel nie. Matthäus Hepp führte auch die ersten Verladekräne am Donaukanal am Schanzl, heute Schwedenplatz, ein. In Oberösterreich machte er Vorschläge zum Ausbau des Traunfalls.

Die Geschichte des letzten großen Segelkriegsschiffes auf der Donau – der Fregatte THERESIA – ist ebenso merkwürdig wie das Schiff selbst. Zum besseren Verständnis sollen hier nur die wesentlichen, historischen Begebenheiten und Fakten erwähnt werden.

Die Schwierigkeiten, auf die Prinz Eugen 1716 im Vorfeld des unmittelbar bevorstehenden Krieges mit dem Bau von zehn Prahmen in Wien (Fahnstangenwasser) gestoßen war, waren dem in Maria-Theresianischen Diensten stehenden Deutschen Riepke als oberstem Schiffsmeister wohl bekannt. Wie bereits erwähnt, schlug er vor, bereits in Friedenszeiten Kriegsschiffe zu bauen, um diese im Anlaßfall eines militärischen Konflikts zur Verfügung zu haben. Er hoffte, bei den Elbfregatten, die an der Unterelbe bei Stade und Brunsbüttel den Zolldienst versahen, Vorbilder für seine geplanten Donaufregatten zu finden. Dies war jedoch nur sehr bedingt möglich, da sehr verschiedene Schiffstypen als Zoll-„Fregatten" im Dienst standen. Hier wurde die Bezeichnung „Fregatte" für die Art der Tätigkeit des Schiffes und nicht als Typenbezeichnung verwendet. Auch auf der Donau war die Bezeichnung Fregatte nicht auf einen ganz bestimmten Schiffstyp bezogen. Die Fregatte THERESIA war eigentlich nach heutiger Bezeichnung eine Brigg. – Damit dürften sich die Gemeinsamkeiten mit den Elbfregatten bereits erschöpft haben.

Auf der Suche nach einem geeigneten Fachmann verpflichtete Riepke Erik Åhsberg aus dem Ostseehafen Wismar für den Kriegsschiffbau auf der Klosterneuburger Werft. Den ersten Entwurf einer Donaufregatte legte Åhsberg 1765 dem Hofkriegsrat vor, der die Pläne zur Begutachtung an Comte L. Pallavicini, dem Donauadmiral von 1736, nach Bologna schickte. Trotz dessen negativer Beurteilung wurde dieses Schiff gebaut. Wie sich später herausstellen sollte, behielt Pallavicini recht.

Von den leider verlorengegangenen Originalen des Schiffes existiert nur eine schlechte Reproduktion (in: „Mitteilungen auf dem Gebiete des Seewesens" K. Schmedes, 1914), die als Ausgangspunkt der Rekonstruktion des Schiffes dienen mußte. Im Laufe meiner langjährigen Forschungen und eines unglaublichen Glücksfalles konnte ich jedoch weiteres erfahren. Der Glücksfall trat mit der Auffindung eines stark beschädigten

Die Mastspitzen niederländischer Schiffe waren meist schön verziert. Dieses Schmuckelement findet sich auch auf den Darstellungen der Hepp-Schiffe, wenn auch in plumper Darstellung. Oft wurden auch Windanzeige-Wimpel unterhalb dieser Verzierungen leicht drehbar angebracht

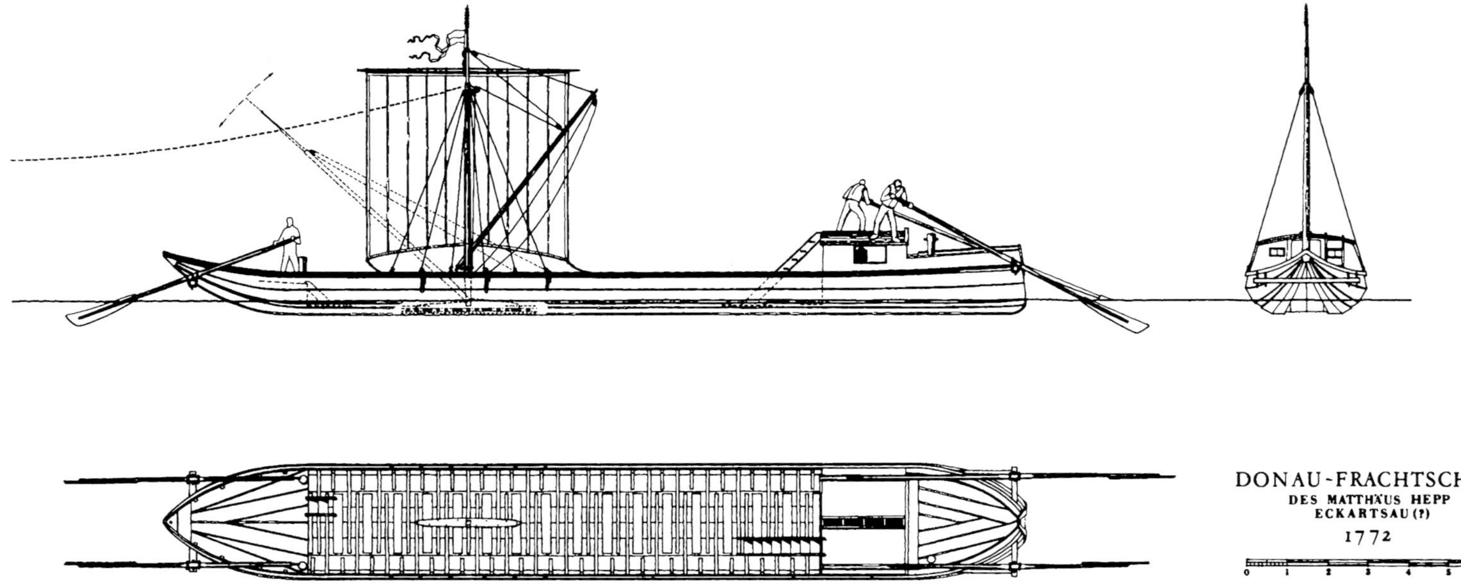

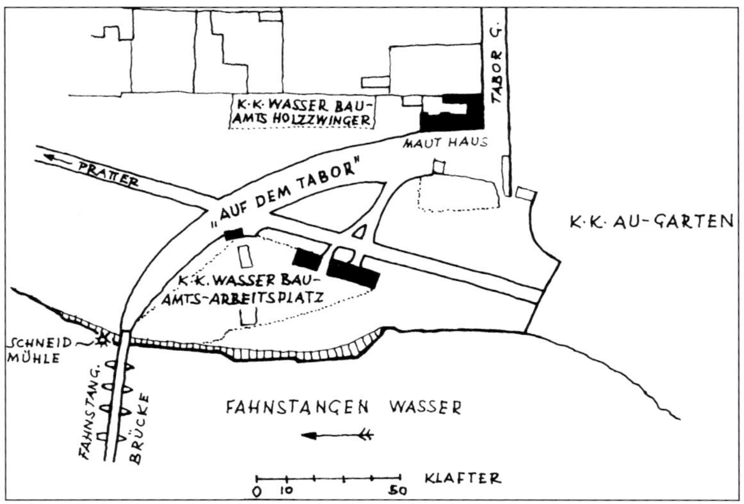

Hepps Werft am Tabor

Johann Anton Reichsgraf von Pergen (1725–1814), Förderer des Mainzer Schiffbaumeisters Matthäus Hepp. Die Statue befindet sich rechts neben dem Eingang zur früheren NÖ. Landesregierung am Minoritenplatz Nr. 8 und stammt von J. Kassin, um 1900

A. Die große Halle des „Streitschiffarsenals“ war mit fünf Satteldächern in der Längsrichtung des Gebäudes überdeckt. Hier wurden nicht nur Donaukriegsschiffe gelagert und ausgebessert, sondern auch gebaut. Sie wurden durch die drei großen Tore in das vorgelagerte Wasserbecken gezogen, von wo ein Kanal unter der Neutor- und Fischertorbrücke zwischen Gonzaga-Bastei und Schanzl in den Donaukanal führte. Dieser Verbindungskanal war 1769 bereits sehr versandet, da er als Abfalldepot verwendet wurde, zumal das Arsenal zu dieser Zeit nicht mehr für Schiffahrtszwecke verwendet wurde.

B. Hepps Schiff am „Scharfen Eck“.
K. Schmedes publizierte 1914 in seinem Werk „Mitteilungen aus dem Gebiete des Seewesens“ diesen Planausschnitt, ohne jedoch die Schiffsdarstellung zu identifizieren.

Vogelschauplan der Stadt Wien, Gesamtansicht von Josef Daniel Huber 1769–1774

Lokalisierung der Punkte A, B, C:

A: Streitschiffarsenal, innerhalb der Stadtmauern neu errichtet, da 1529 das Maximilianische Arsenal auf einer Landzunge im Donaukanal zerstört wurde

B. Hepps Schiff 1769 im Donaukanal am „Scharfen Eck“ an der Leopoldstädter Seite. Schräg gegenüber die „Schanzelkapelle“ an der Stelle ihrer Erbauung

C: Hepps Werft am Fahrstangenwasser

eigenartigen Modells in der Pionierkaserne von Klosterneuburg ein. Dieses Modell wurde mir vom Heeresgeschichtlichen Museum in Wien, vertreten durch Dr. Erich Gabriel, zur Restaurierung übergeben.

Bald konnte ich erkennen, daß es sich um eine ganz besondere Rarität handelte: ein Modell im Chapman-Stil mit Abänderungen als Flußschiff. Die Verbindung mit der Tätigkeit E. Åhsbergs als Landsmann von Chapman konnte bald hergestellt werden: Das Modell, quasi das Nachfolgemodell, wies Verbesserungen gegenüber dem ersten Entwurf von Åhsberg auf, die von L. Pallavicini vorgeschlagen wurden. Da die Fregatte 1768 fertig nach Peterwardein abging, konnte es sich bei dem Modell nur um den Åhsberg-Prahm von 1769 in Chapman-Form handeln, also das zeitgenössisch verbesserte Modell der Fregatte THERESIA. Wenn es auch nicht als direktes Vorbild für den Bau des Modells der Fregatte selbst verwendet werden konnte, so war es doch eine wesentliche Detailquelle.

1768 fand die Lancierung der Fregatte von einem regelrechten Stapel nahezu in der Strömungsrichtung der Donau statt, was damals als Novität galt. Bei diesen Feierlichkeiten waren Kaiserin Maria Theresia und ihr Sohn Joseph II. als Mitregent anwesend. Joseph lehnte eine Taufe und Namensgebung des Schiffes vorläufig ab. Wenn das Schiff später zum Einsatz komme, sollte man den Namen THERESIA zu Ehren seiner Mutter nehmen.

So kam es, daß dieses namenlose Schiff in den offiziellen Akten damals nur als „die Fregatte“ bezeichnet wurde. Eine Verwechslung war nicht möglich, da es zu dieser Zeit nur dieses eine Segelkriegsschiff auf der Donau gab.

Am 14. April 1768 wurde die Fregatte „ins Wasser geworfen“ oder „lanciert“, wie man damals einen Stapellauf auch nannte. Der „Stapel“ (= Helling, schräger Bauplatz unmittelbar am Wasser) ist im zeitgenössischen Werftplan eingezeichnet. Er verläuft schräg zur Strömung. Angeblich hatte Riepke eine besondere Art der „Bettung“ (= Stapel) erfunden, die sich gut bewährt haben soll.

Über den Stapellauf und die damit verbundenen Feierlichkeiten ist ein zeitgenössischer Bericht vorhanden, der hier wiedergegeben werden soll. Wiener Diarium 1768, Nr. 31, 16. April 1768:

„Da Donnerstag, den 14. dieses der bestimmte Tag war, da die auf dem Werft bey Klosterneuburg von einer besonderen Art neu erbaute Donaukriegsfregatte in Gegenwart des Hofes von Stapel gelassen werden sollte, so hatte der diesen Bau dirigierende K.K. Obrist Schiffamts Obristleutenant und Oberbrückenhauptmann, Freyherr v. Riepke, schon seit einigen Tagen alle Veranstaltungen dazu angeordnet. Nachdem nun Nachmittags um 5 Uhr beide K.K. Majestäten, samt deren Erzherzogen und Erzherzoginnen, wie auch des Herzogs v. Sachsen = Teschen Königl. Hoheiten bey dem Werft angekommen und das daselbst aufgerichtete Schaugerüste, vor welchem ein Theil des neu errichteten Schiff und Pontonnierbatallions unter dessen Obrist Wachtmeister v. Magdeburg paradierte, bestiegen hatten, wurde die Fregatte mit dem erwünschten Erfolge vom Stapel gelassen, und sofort ihre Stücke etlichemale abgefeuert, worauf jene auf den Kriegsschaluppen, welche etwas oben quer über den Strom mit wähenden Wimpeln vor Anker lagen, und das am Donauufer gepflanzte grobe Geschütze munter antworteten. Die Feldmusik, welche in 3. Abtheilungen, nämlich auf der Gallerie des Werftgebäudes, auf denen Kriegsschaluppen, und auf einer dem Schiffswerfte gerade gegenüberliegenden Insel vertheilet waren, ließe sich zu gleicher Zeit abwechselnd hören.

Sobald die Fregatte wieder auf dem Strom herauf, und an das Ufer vor dem Schaugerüst gebracht, und die von diesem mittelst einer Treppe eigends errichtete Brücke am Bord des Schiffes befestigt war, so gefiel es beyden Majestäten, sammt den königl. Hoheiten, selbige zu besteigen, und ihren Bau in Augenschein zu nehmen, auch darüber Höchst dero Zufriedenheit zu bezeigen: worauf die Rückkehr, nachdem die Feyerlichkeiten, wegen des herannahenden Abends, sich endigen mußten, nach Wien erfolgte.

Die Geistlichkeit des k.k. Schiffbaumeister, Erich Åhsberg, welcher diese Fregatte gebauet, hat sich bei dieser Gelegenheit besonders gezeiget, indem er die ‚Bettung‘ so künstlich eingerichtet, daß das Schif wiewohl das Wasser des Flusses wegen der nächtlichen Frosten auf eine dieser Jahreszeit ganz außerordentliche Weise gefallen, auch ein widriger Wind erhoben hatte dennoch ohne Schwanken und mindesten Beschädigung ganz unvergleichlich vom Stapel gelassen worden. Die Menge der Zuschauer hohen und niederen Standes ist ungemein gewesen, so daß nicht allein, die für das Gefolge des Hofes, den hohen Adel, und die Generalität bestimmte und mit Schranken eingefaßte Plätze ganz voll, sondern auch der ziemlich weit sich erstreckende Schiffswerft, samt dem gegenüberliegenden Ufer und Insel davon besetzt waren; wobey besonders zu bemerken ist, daß ungeachtet des immer zwischen dem Gebürge und dem Fluße fortlaufenden ziemlich schmalen Weeges unter so vielen den Fahrenden, Reutenden und Gehenden nicht das mindeste Unglück sich ereignet hat."

Dieser mit großer Feierlichkeit in Anwesenheit beider Majestäten veranstaltete Stapellauf blieb jedoch den Türken nicht verborgen. Sie vermuteten Kriegsvorbereitungen.

Kleemann, ein von Joseph II. unterstützter Kaufmann, der im allerhöchsten Auftrag den Lauf der unteren Donau erkunden sollte, berichtet darüber: „... Um das Mißtrauen der Pforte zu zerstreuen, sollte der Internuntius Franz Anton v. Brognard den türkischen Regierungsstellen mitteilen, daß die Fregatte nur zur Belustigung ihro Majestäten gebaut wurde und nicht zu kriegerischen Zwecken" (Hans Halm, Österreich und Neurußland 1718-1780, 1. Bd., Breslau 1943).

Pontonier-Wachtmeister Magdeburg wurde beauftragt, das Schiff donauabwärts nach Peterwardein zu bringen. Die Fortbewegung stromabwärts war relativ einfach, wobei der breite Timon (= Heckstevenruder) und die Kehr- und Brechruder zur Steuerung verwendet wurden.

Gegen den Strom gab es vier Möglichkeiten:

1. Ziehen des Schiffes vom Ufer aus, was aber nur dann möglich war, wenn das Ufer nicht vom Feind besetzt gehalten wurde.
2. Warpen, d.h. das Aufwinden an den wechselweise nach vorne mit den Beibooten ausgebrachten Ankern.
3. Rudern, was nur in geringster Strömung möglich war.
4. Segeln, was nur bei Winden in Stromrichtung getan werden konnte.

Wie zu ersehen ist, Maßnahmen, die bei größtem Aufwand sehr geringe Wirkung erzielten. Aber man hatte eben keine anderen Möglichkeiten zu Gebote. Erst die Dampfmaschine sollte die Probleme lösen.

Aus Magdeburgs Bericht über diese Fahrt kann man die Schwierigkeiten erkennen, die sich ergaben. Schon bei geringem Seitenwind wurde das flache, hohe Schiff gegen das Ufer gedrückt. Magdeburg ließ daher von der Besatzung, die aus Hamburger Matrosen bestand, die Masten umlegen und das Schiff wie ein gewöhnliches Handelsschiff stromabwärts treiben. Vermutlich wurden aber nur die Stengen und Rahen abgefiert, da ein Ausheben der Untermasten mit Bordmitteln kaum möglich war. Dadurch wurde die Notwendigkeit erkannt, die Masten mit einer Kippvorrichtung zu versehen. Das bereits erwähnte Nachfolgemodell von 1769 wies bereits Pfahlmasten ohne Stengen auf, die um einen Bolzen kippbar und mittels Bleigewichten leicht aufzustellen waren.

Als aber in Fischamend Joseph II. ein Manöver mit diesem Schiff befahl, mußte wieder alles aufgeriggt und klariert werden. Das Manöver konnte aber infolge zu starken Windes nicht durchgeführt werden.

Magdeburg berichtet weiter, daß von den 20 Seitenrudern pro Seite nur 14 verwendet werden könnten, wenn man die Kanonen benützen wollte.

Das bedeutete, daß nicht nur durch die kleinen Ruderpforten, sondern auch durch Stückpforten gerudert werden konnte, falls die Ereignisse diese Maßnahme erzwangen. Dazu mußten die Kanonen in die Schiffslängsachse geschoben werden. Außerdem war der Raum zu niedrig und unerträglich heiß. Auch dieser Umstand wurde am Nachfolgemodell (siehe S. 61) dadurch gelöst, daß die Ruderstände ober Deck angeordnet wurden.

In Peterwardein wurde die Fregatte an Land gezogen und in einem Schuppen gelagert, bis ein neuerlicher Türkenkrieg die Verwendung erforderlich machen würde. Erst 1788 trat diese Notwendigkeit ein. Da das Schiff nun 20 Jahre im Trockenen gelegen hatte, waren die Planken ausgetrocknet und die Holzverbände gelockert. Eine Kommission sollte deshalb feststellen, ob das Schiff noch fahrtauglich gemacht werden konnte.

Schließlich wurde der italienische Schiffbaumeister Pietro Nocetti mit der Reparatur betraut, in deren Zuge die Takelage wesentlich vereinfacht und verkleinert wurde. Als Kommandant wurde der Engländer James Williams verpflichtet, der einen Namen für sein ungetauftes Schiff verlangte. Er schlug PRINZESSIN ELISABETH vor. Schließlich erinnerte man sich,

Ein Schiff der Kaiserin ich war
und lag doch ganze zwanzig Jahr
bei Peterwardein am Donaustrand
bis man mich endlich wiederfand
zu kämpfen gegen Türken-Not
als österreich'scher Patriot.
Ge-Laudon war das eine Pracht,
wie hat man mich doch schön gemacht!
die Türken nahmen gleich Reißaus
als ich kam in Saus und Braus!
Mein großer Sieg bei Belgrad war
im siebzehn-neun-und-acht'zger Jahr!
Dann brauchte man mich nimmermehr,
schlug kurz und klein mich hinterher!
Nun steh' ich eben klein vor dir,
erhalt' mich gut, versprich es mir!
Mein guter Geist wird's kontrollieren,
und deine Hände sicher führen!

Dr. Kurt Schaefer
16.9.2000

Das Aussehen der später THERESIA benannten Donau-Fregatte beim Stapellauf 1768. Die Behauptung, Kaiser Joseph II. hätte den Plan eigenhändig gezeichnet, ließ sich nicht beweisen

daß Joseph II. beim Stapellauf in Klosterneuburg 1768 den Namen seiner Mutter gewünscht hatte. Das Schiff führte also von nun an in den Akten offiziell den Namen THERESIA und nicht, wie oft fälschlich behauptet wird, MARIA THERESIA. Die Internationalität dieses Schiffes war beachtlich:

Sein Initiator war ein Deutscher (Riepke), die Patronanz hatte die österreichische Regentin Maria Theresia übernommen, als Schiffbauer fungierte ein Schwede (Erik Åhsberg), der erste Kommandant war ein Deutscher (Magdeburg), der Restaurator ein Italiener (Pietro Nocetti), der zweite Kommandant ein Engländer (James Williams), und die Mannschaft setzte sich aus Hamburgern sowie Österreichern verschiedener Nationalitäten zusammen.

So kam das Schiff bei der letzten Rückeroberung Belgrads unter Gideon Laudon 1789 doch noch zum Einsatz und bewährte sich offenbar als schwimmende Batterie, welche die türkische Festung Kalemegdan von der Donauseite her zu beschießen hatte.

Der verlorengegangene Originalplan der Fregatte THERESIA

Nach Kriegsende hatte man keine Verwendung mehr für dieses Schiff, zumal nach dem Tode Josephs II. sein Bruder Leopold II. aus Sparsamkeitsgründen alle Kriegsschiffe vernichten ließ.

Eine geplante Versteigerung oder ein Verkauf des Schiffes an die Willeshovsche Handelsgesellschaft, die den Handel auf der Donau über das Schwarze Meer bis Cherson am Dnjepr (Krim) betreiben wollte, kam nicht zustande.

1791 wurde nun auch dieses schöne Schiff im Festungskanal von Neusatz (heute Novisad) abgewrackt. Wie den zeitgenössischen Akten zu entnehmen ist, wurde das brauchbare Material zur weiteren Verwendung dem „Aerar“ übergeben. So endete das mit großem Aufwand gebaute letzte große Segelkriegsschiff auf der Donau.

Auch damals gab es schon Leute, die meinten, daß einfache Plätten oder Salzschiffe den gleichen Zweck als schwimmende Batterien erfüllen hätten können. Das ist zweifellos richtig, aber man muß die Mentalität der damaligen Zeit bedenken: Das Kriegsschiff hatte nicht nur die Aufgabe als Kampfmaschine, sondern diente in hohem Maße als Mittel, die Macht und den Reichtum des Regenten zu zeigen und dem Feind ein Unterlegenheitsgefühl zu geben. Heute würde man das als psychologische Kriegsführung bezeichnen.

Welche Bedeutung dem Kriegsschiffbau in Wien auch während des letzten Türkenkrieges (1788–1790) beigemessen wurde, bezeugt ein Brief vom 22. Oktober 1787, den Joseph II. an Feldmarschall Andreas Hadik (1710–1790) schrieb: „... Sollten die Seiler der Kälte wegen hier auf ihren gewöhnlichen Seilerstätten nicht arbeiten können, so würden ihnen dazu die Gänge zu Schönbrunn eingeräumt werden, damit sie den zugedachten Schiffen gehörigen Seilen die erforderliche Länge geben können; kurzum, es muß das Äußerste angewendet werden, um zu allem Vorgedachten zu gelangen ...“ (Kriegsarchiv Wien, Hofkriegsrat 1787, 54–184).

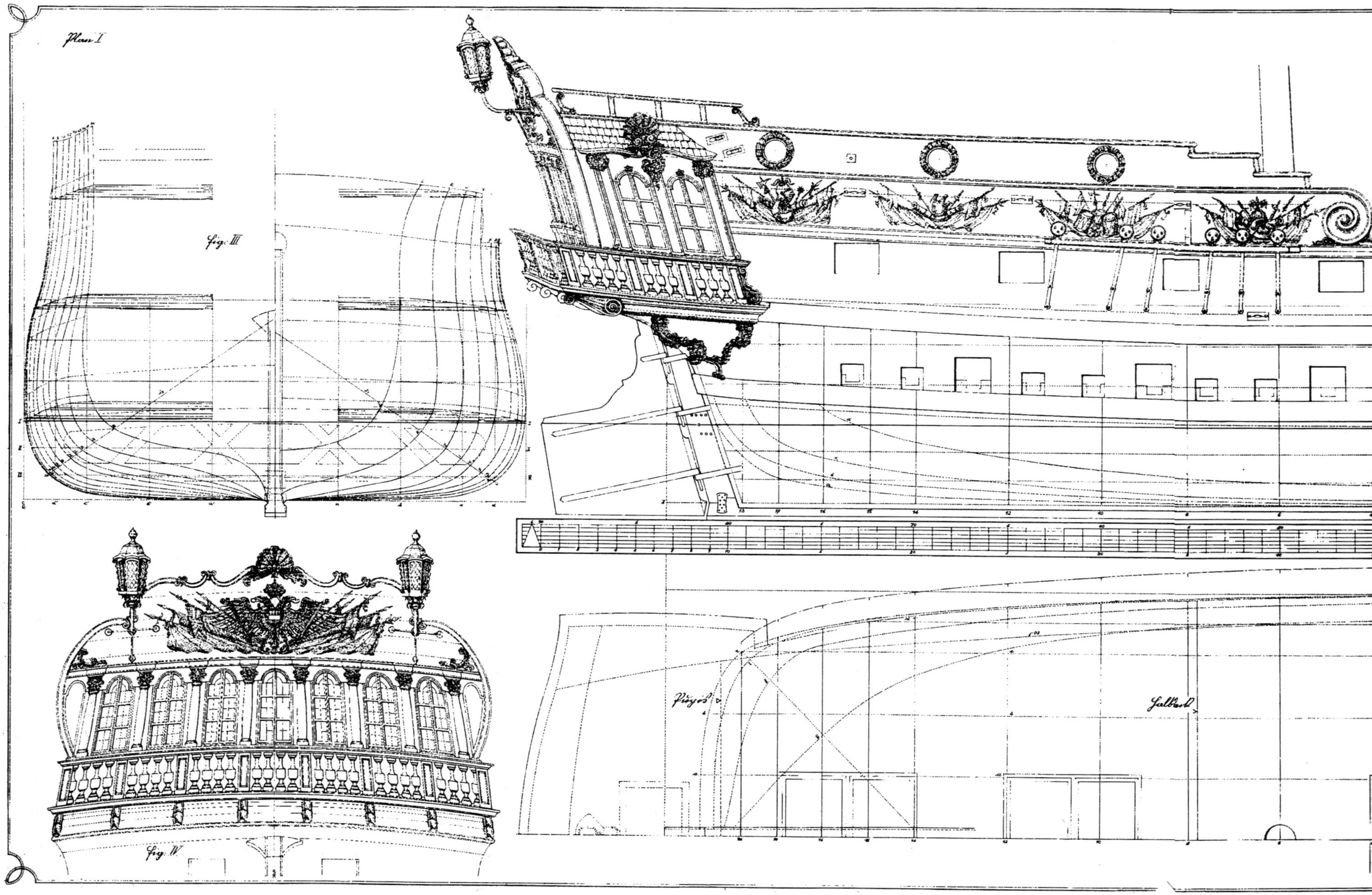

Der Linienriß der Fregatte THERESIA ist ein Bestandsplan des Modells. Beide im Maßstab 1:20 vom Autor gezeichnet

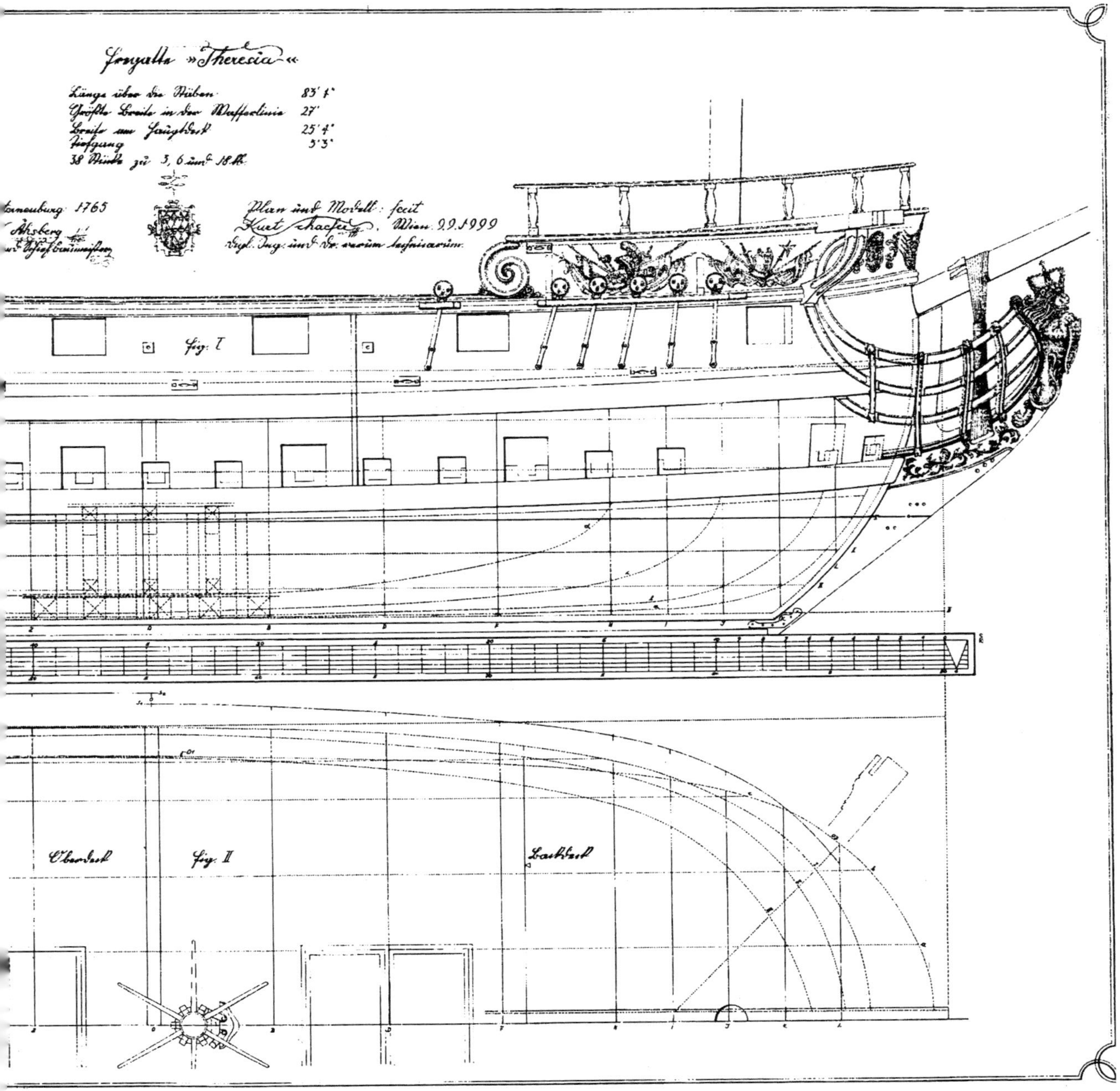

Galionsfigur der Fregatte THERESIA, 1977 geschnitzt von J. Ortner nach Rekonstruktionszeichnungen des Autors (Donaumuseum Orth/Donau)

Name des Schiffes: bei Stapellauf keine Taufe, daher namenlos, ab 1788 THERESIA nach der Kaiserin Maria Theresia
Baumeister: Erik Åhsberg aus Wismar (Ostsee)
Bauort: Kriegswerft Klosterneuburg 1765–1768
Baumaterial: Eiche, Tanne, Fichte, Lärche
Länge, Breite, Tiefgang: 83 Fuß 4 Zoll, 27 Fuß, 5 Fuß 3 Zoll
Bewaffnung: 38 Kanonen zu 3, 6 und 18 lb.
Einsatz: 1789 bei Belgrad
Abgewrackt: 1791 bei Neusatz

Muschelmotive in etwas vereinfachter Form wurden oft als Dekor historischer Schiffe verwendet. Man vergleiche die Heckpartie und Seitentaschen der Fregatte THERESIA

Das Modell des Schiffes (1:20) befindet sich im Schiffahrtsmuseum Spitz/Donau

Der Åhsberg-Prahm in Chapman-Form, 1769, weiter oben als „Nachfolgemodell“ bezeichnet, ist das einzige erhaltene zeitgenössische Modell eines Donaukriegsschiffes aus dem 18. Jahrhundert.
Schiffsbauten, die nach diesem Modell geplant waren, wurden nicht mehr durchgeführt.
Es wurde vom Autor nach umfangreichen Forschungen restauriert und steht derzeit im Heeresgeschichtlichen Museum in Wien

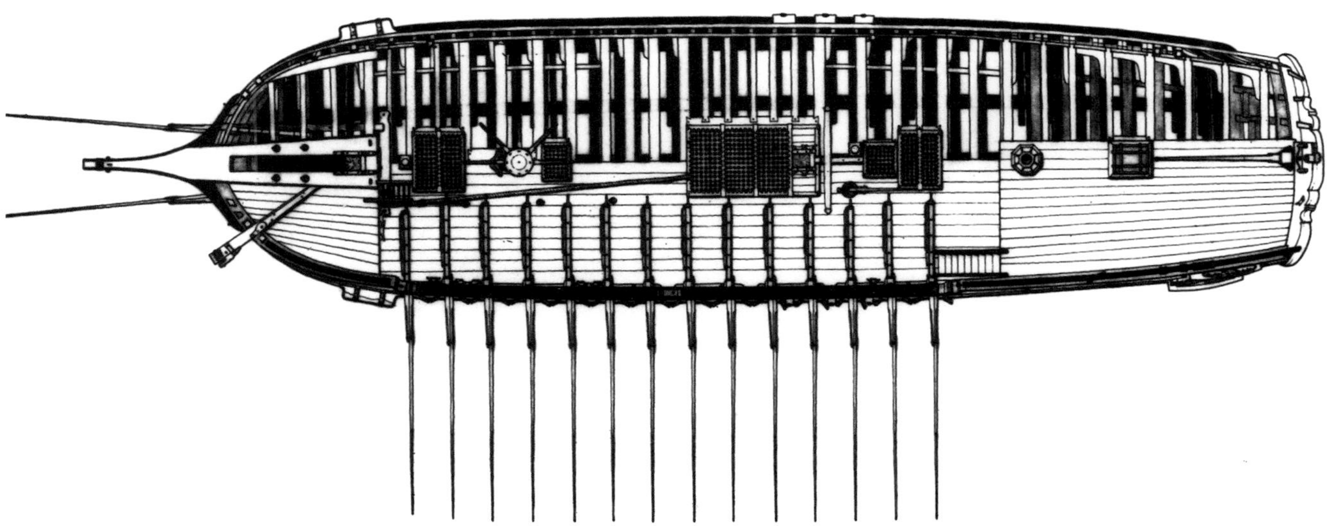

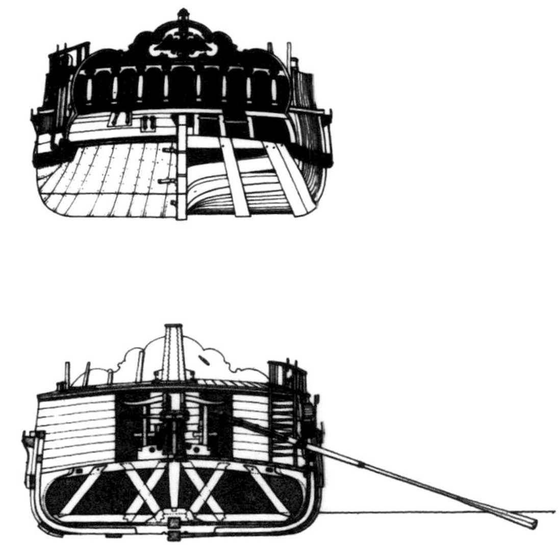

DONAU „FREGATTE“

BESTANDSAUFNAHME DES ZEITGEN. PRAHM MODELLES DECKDRAUFSICHT, SCHNITT

KLOSTERNEUBURG

UM 1769

Das Grabmal Laudons befindet sich bei Hadersdorf-Weidlingau am Rande des Wienerwaldes

Fregatte THERESIA mit verkleinerter Takelage 1788–1791

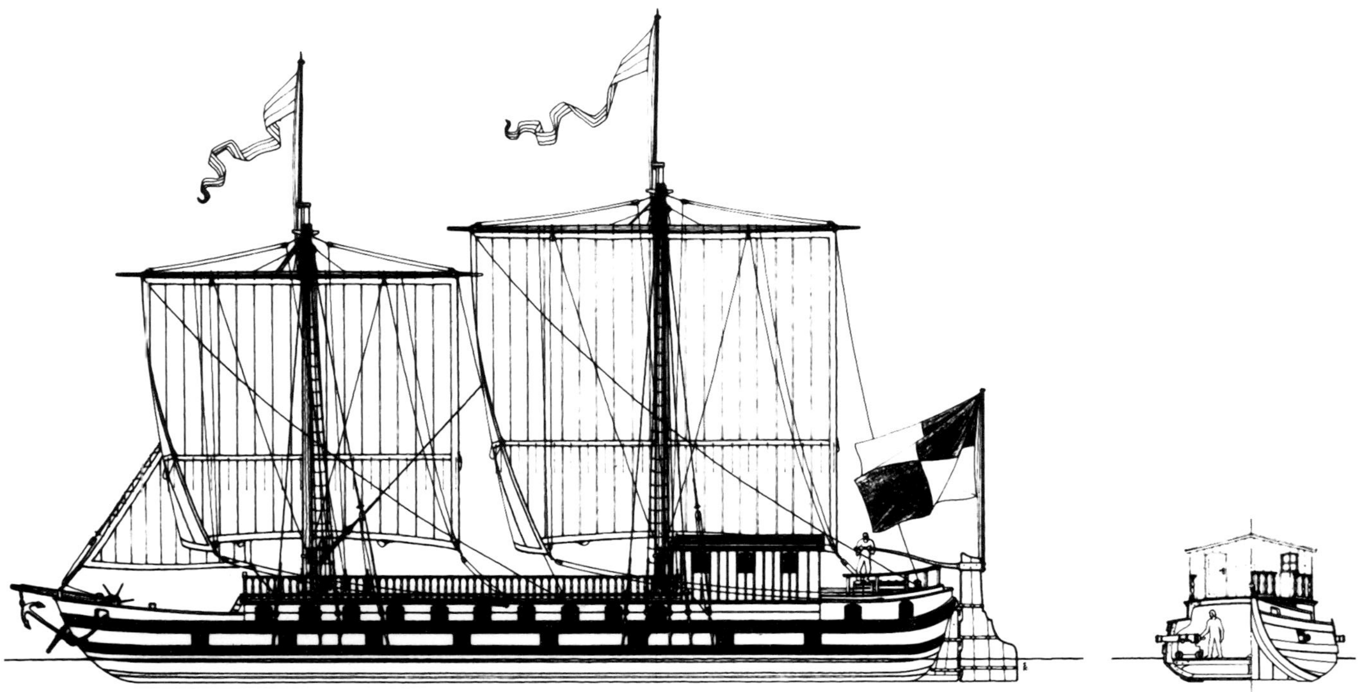

Die Sicherung im letzten Türkenkrieg 1788–1790 vom Wasser her übernahmen Hilfskriegsschiffe, hier die VICTORIA, die nach dem Vorbild des von Matthäus Hepp in Wien gebauten Eichenschiffes errichtet worden waren

8. Tschaiken

Die großen Segelkriegsschiffe auf der Donau hatten sich nicht bewährt, da der Aufwand im Vergleich zum Erfolg in keiner vernünftigen Relation stand. Man versuchte daher ab 1769 leichte Ruderschiffe mit Besegelung zu bauen, mit denen man auch gegen den Strom fahren konnte.

Diese sogenannten Tschaiken wurden je nach Größe (10–23 m) und Bewaffnung (Gabelstücke 1–3 lb.) eingeteilt in Patrouillen-Tschaike, Viertel-, Halb-, Ganz- und Doppel-Tschaiken.

Über die Herkunft des Wortes „Tschaike" wurde bereits viel gerätselt. Hier sollen lediglich zwei Ableitungsversuche angeführt werden, die jedoch ziemlich unsicher sind. Die Verballhornung der türkischen Wortkombination aus „Cay" (= kleiner Fluß, Bach, Tee) und „Kayik" (= Boot) zu „Tschaike" wäre denkbar. Dieses Wort hat sich in ähnlicher Form an den östlichen Mittelmeerküsten als Bezeichnung für Boot erhalten, also Gebieten, die einst jahrhundertelang unter türkischem Einfluß gestanden haben. Ein anderer Erklärungsversuch geht dahin, einen Zusammenhang mit den russischen Kosakenbooten herzustellen, die als Tschaika (= Möwe) bezeichnet worden sind.

Um längere Einsätze an der mittleren Donau durchführen zu können, wurde eine Einrichtung geschaffen, die es der Mannschaft ermöglichte, am Schiff zu schlafen. Die Touften (= Ruderbänke) hatten an den Rändern Nuten, die in „Verdecke" eingelegt werden konnten, so daß eine durchlaufende Ebene in Höhe der Ruderbänke entstand. Diese Verdecktafeln bestanden aus je fünf bis sechs Brettern, die mit Schnüren untereinander so verbunden waren, daß sie ziehharmonikaförmig zusammengelegt werden konnten. Diese zusammengelegten Verdecke wurden bei Tag unter dem „Plicks-Boden" (später „Plicht"-Fußboden) verstaut.

Außerdem mußte es möglich sein, zum Schutz gegen Regen das ganze Schiff zu überdecken. Dies geschah durch „Zelte", für Offiziere und Mannschaften getrennt. Dies waren Plachenabdeckungen, die über abnehmbare Stangen gezurrt wurden. Alle diese notwendigen Einrichtungen hatten die alten Oberländer-Tschaiken nicht, die nur für kurze Einsätze auf der oberen Donau gebaut wurden. Sie waren einfach größere Zillen, die fallweise eine Offiziershütte besaßen.

Für das Mannschaftsmagazin war der größte Teil des Corsierkastens vorgesehen. Zwischen den Ruderbänken befand sich jeweils ein waagrechter Deckel in Falz, der an zwei Scharnierbändern geöffnet werden konnte. Bei geschlossenen Deckeln bildete die Corsier eine wichtige Längsverbindungsbrücke. Ohne die Ruderer zu behindern, konnte man das Schiff der Länge nach durchschreiten.

Die Ausrüstungsgegenstände der Mannschaft wie Tornister, Waffen etc. waren im Corsierkasten verstaut. Werkzeug, Geräte, Materialien für Ausbesserungsarbeiten, Tauwerk, Munition, Proviant etc. mußten in eigenen Magazinen, Haken und Finknetzen (auf zeitgenössischen Plänen mit „ck" geschrieben) außenbords – für Offiziere und Mannschaften getrennt – untergebracht werden. Behälter für Trinkwasser waren anscheinend nicht vorhanden, was darauf hinweist, daß Flußwasser getrunken wurde. Wie die Notdurft auf Tschaiken verrichtet wurde, ist nicht bekannt. Vermutlich wurde am Tage mehrmals geländet und auch die Nächte beim Ufer verbracht, so daß sich genügend Gelegenheiten ergaben. Auf großen Seeschiffen, die oft lange Zeit keine Landberührung hatten, diente dazu das „Galion", Offiziere hatten ihren eigenen Abtritt im Offiziersteil des Schiffes.

Die Truppe, die als Bemannung der Tschaiken (auch Tschaique, Csaike, ungarisch: Sajka) diente, wurde Tschaikisten (auch Csaikisten, ungarisch: Csajkasok) genannt. Notfalls wurde die Besatzung durch „Pontoniere" (vom lateinischen pons-tis = Brücke; Brückenbauer, Zöllner) oder sonstigen Hilfstruppen ergänzt.

Auf S. 70 findet sich eine Abbildung mit Uniformvorschlägen für Tschaikisten, die 1772 Obristwachmeister Baron von Hohenhausen der Haupt-Oeconomie-Commission in Stockerau unterbreitete. Anlaß dafür war eine Mannschaft von Tschaikisten gewesen, die von Titel, einem Ort an der Einmündung der Theiss in die Donau, wo die Tschaikisten ihr Hauptquartier hatten, kamen und in Klosterneuburg in stark beschädigten Uniformen eingetroffen waren.

Detailansicht des Modells: An der Innenseite der Schutzblendungen sind die Copy (= Lanzen) auf Haken griffbereit befestigt. Davor die gestapelten Ruder, im mittleren „Corsierkasten“ sind die Tornister, Bajonette und Gewehre untergebracht. Die vordere Blendung ist heruntergeklappt

Der meist verwendete Schiffstyp war offenbar die Halb-Tschaike von 1771. Das Modell des Schiffes befindet sich im Schiffahrtsmuseum Spitz/Donau

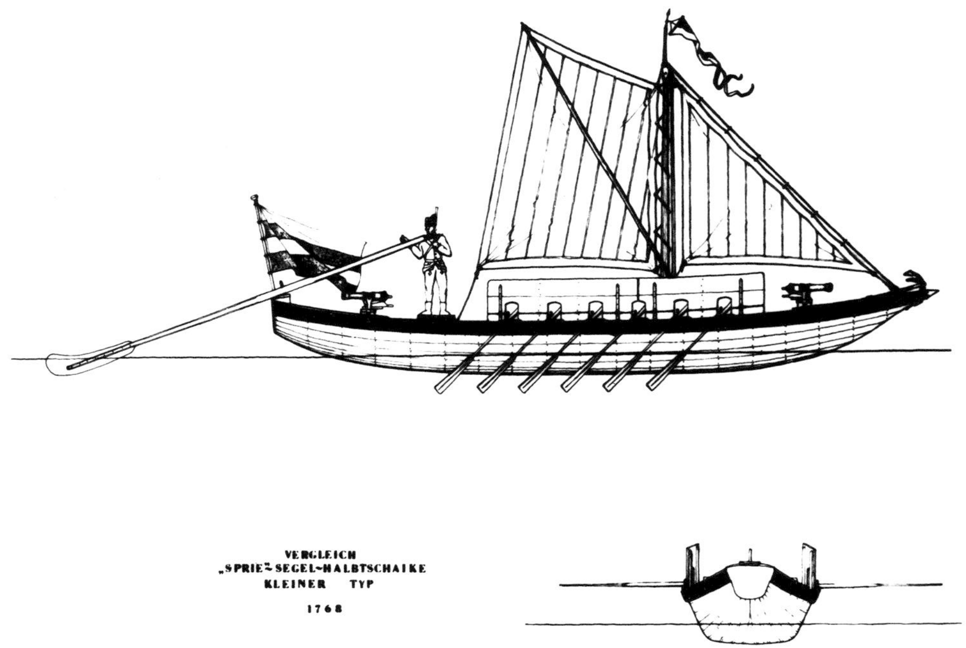

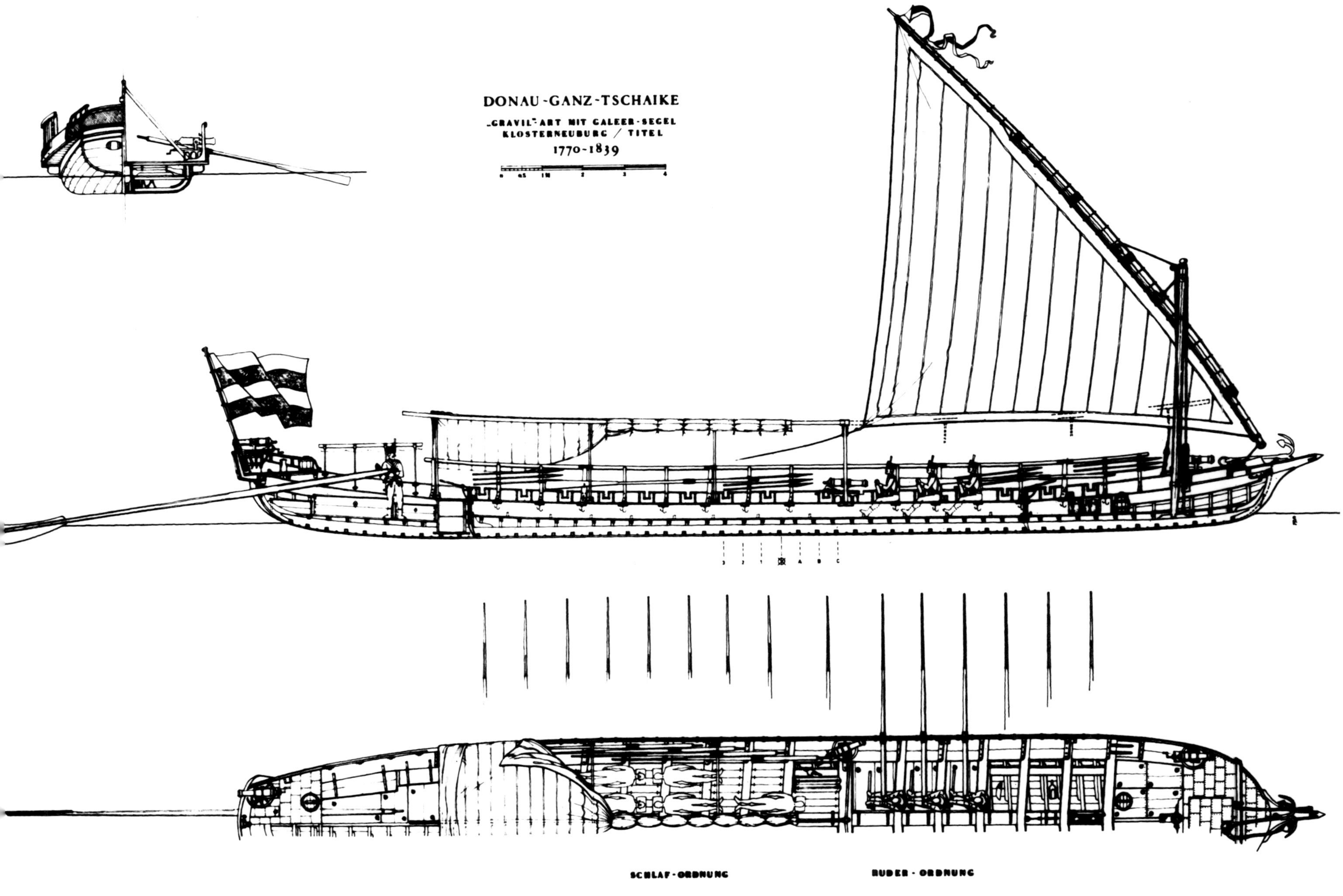
DONAU-GANZ-TSCHAIKE
„GRAVIL"-ART MIT GALEER-SEGEL
KLOSTERNEUBURG / TITEL
1770-1839
0 0,5 1M 2 3 4
SCHLAF-ORDNUNG
RUDER-ORDNUNG

Unterschied Galeere – Tschaike
Galeere: mehrere Ruderer pro Riemen, bis zu sieben Mann. Vordere Kanone starr eingebaut, Zielen mit dem ganzen Schiff.
Tschaike: nur ein Mann pro Riemen. Drehbare leichte Kanonen, Gabelstücke

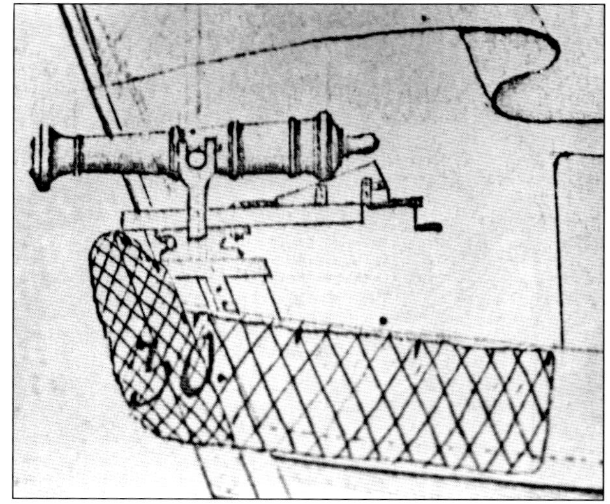

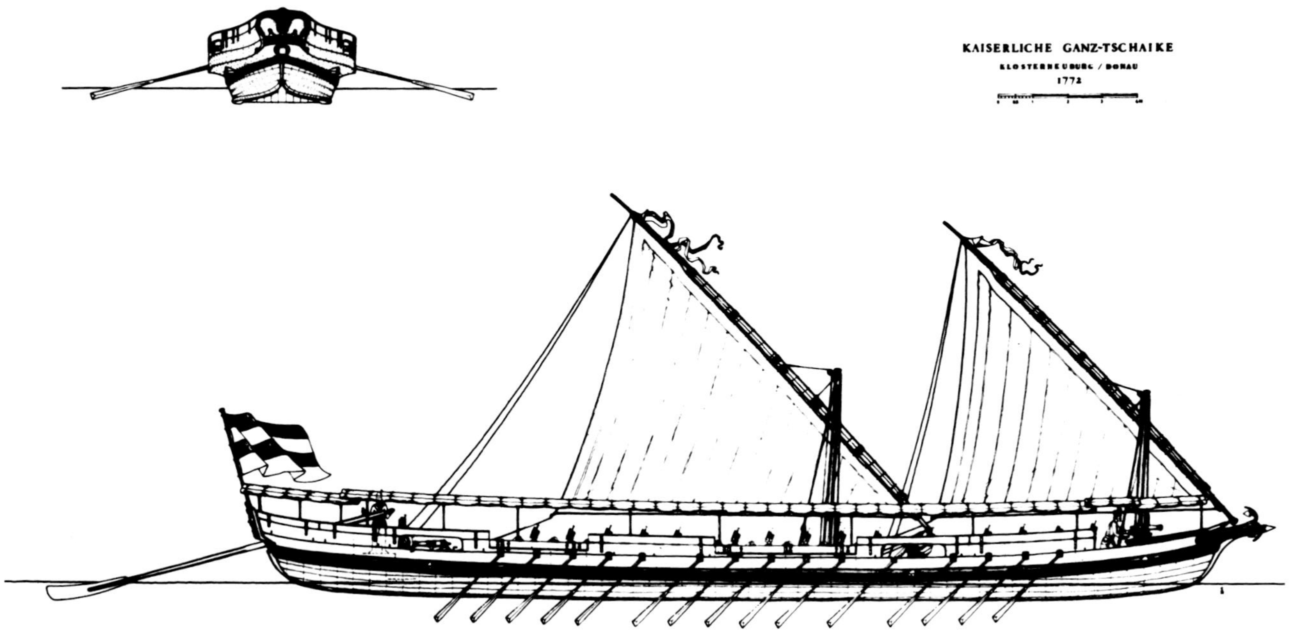

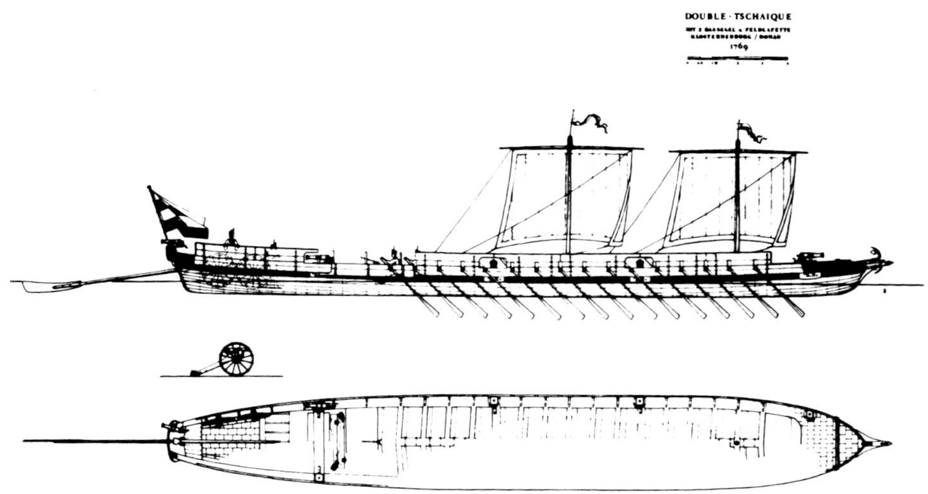

Die Doppel-Tschaike führte eine zerlegbare Kanonenlafette mit, die in Verbindung mit einem Bordkanonenrohr für Landgefechte verwendet werden konnte

Nachbau einer „Oberländer" Ganz-Tschaike von 1530. Abschiedsständchen mit alter Musik, zum Schiffstyp passend, vor der Abfahrt im Donaukanal zwischen Salztorbrücke und dem alten „Kaiserbad". Schleusengebäude von Otto Wagner im Hintergrund sichtbar. 10. Mai 1999

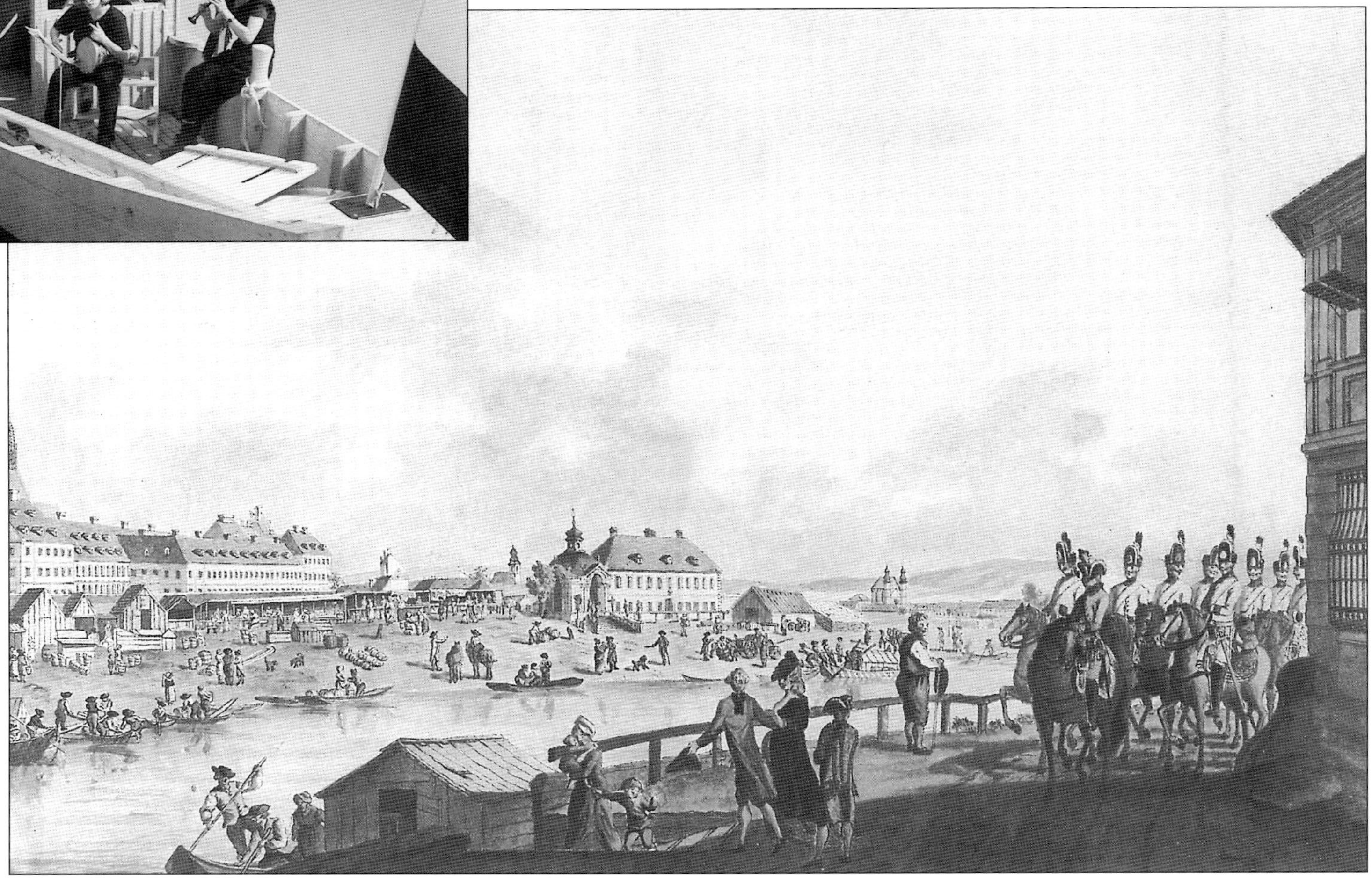

Die Abfahrtsstelle der neu gebauten Tschaike sah im 18. Jahrhundert noch anders aus. In der Mitte des Bildes die alte Schanzelkapelle, die heute am anderen Donaukanalufer bei der Augartenbrücke steht

Auf der Fahrt im Donaukanal. Zwischen den Ruderern ist der Corsierkasten in der Längsrichtung des Schiffes sichtbar. Links und rechts die Schutzbretter (= Blendungen) für die Ruderer

Der „Cormanus" (= Steuermann) am Kehrruder ist der Schiffs- und Schiffmühlen-Eigner Martin Zöberl, kurz nach dem Ablegen unter den Donaukanalbrücken. Die enorme Wirksamkeit dieses Steuersystems wurde vom Autor selbst erprobt! Die vierfach schwarz-gelb gestreifte Flagge war auf Tschaiken des 18. Jahrhunderts üblich, in einer Zeit, in der auch dieser alte Tschaikentyp noch verwendet wurde

Fahrt im Strom

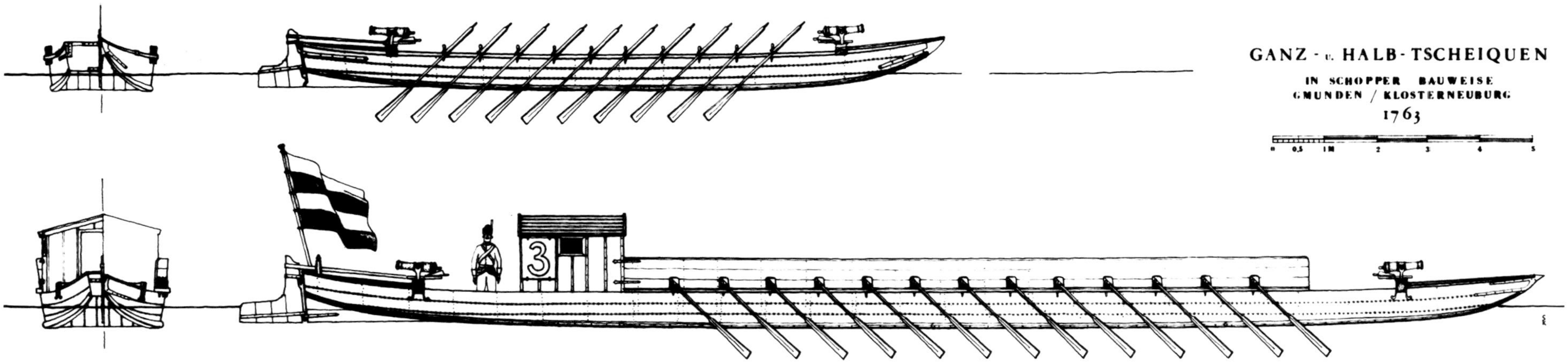

Das Schiff bei der Einfahrt zum Orther Anlegeplatz. Es ist das Zubringerschiff der Besucher zur Schiffmühle des Martin Zöberl

Am 10. Mai 1999 fand die erste Fahrt mit dem Nachbau einer historischen Ganz-Tschaike von der Wiener Salztorbrücke im Donaukanal nach Orth/Donau statt.
Die Baupläne des Autors wurden gegenüber dem Original von 1530 wie folgt abgeändert:
1. Die Anzahl der Ruder pro Seite wurde von 13 auf zehn verringert.
2. Statt der Timonsteuerung (= Stevenruder) des Originals wurde ein langes Kehrruder verwendet, das im stehenden Wasser der Orther Au wirksamer ist.
Die Mannschaft in historisierenden Uniformen am Anlegeplatz in Orth, vorne der Autor als Capitano, rechts dahinter die Ruderweltmeister W. Ransata und G. Fadenbauer

Entwürfe für Tschaikisten-Uniformen, Mondierungsamt Korneuburg

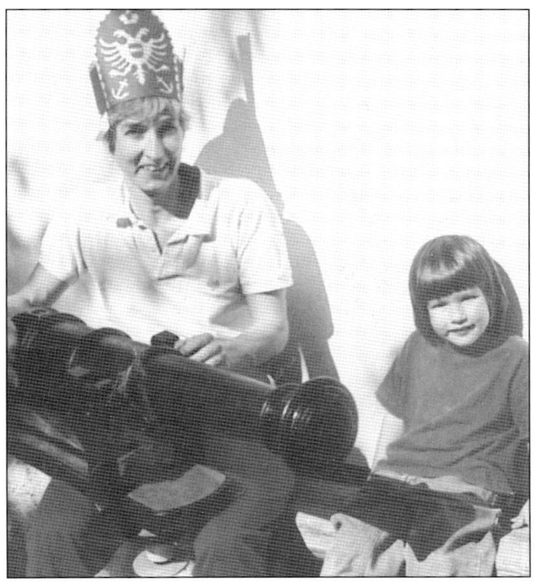

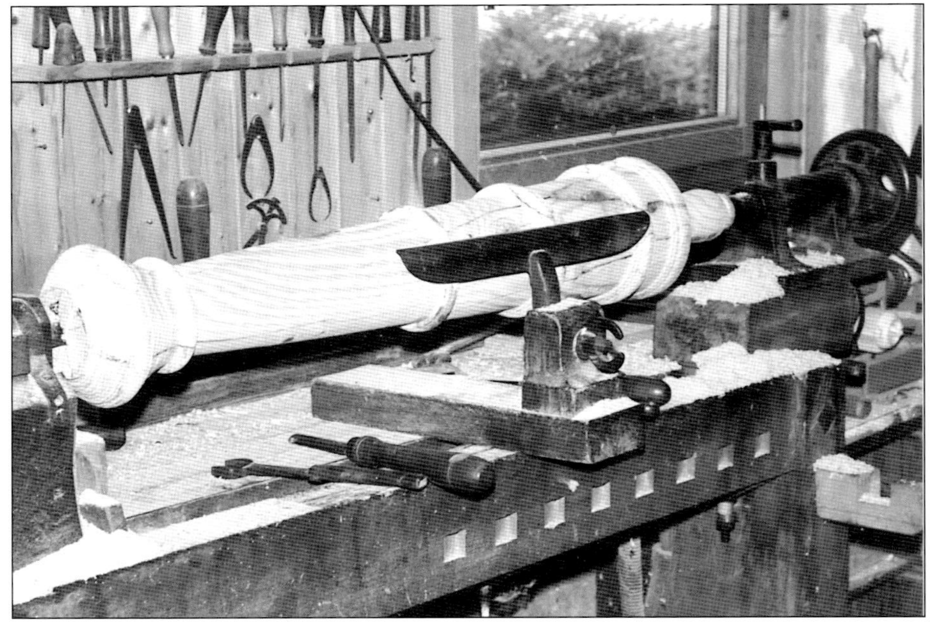

Während der Autor die Kanone drechselte, fertigte seine Tochter 25 Tschaikisten-Tschakos an und Enkelin Katharinchen sah interessiert zu ...
Wie die meisten Tschaiken hatte auch dieser Nachbau ein 1 lb-Gabelstück

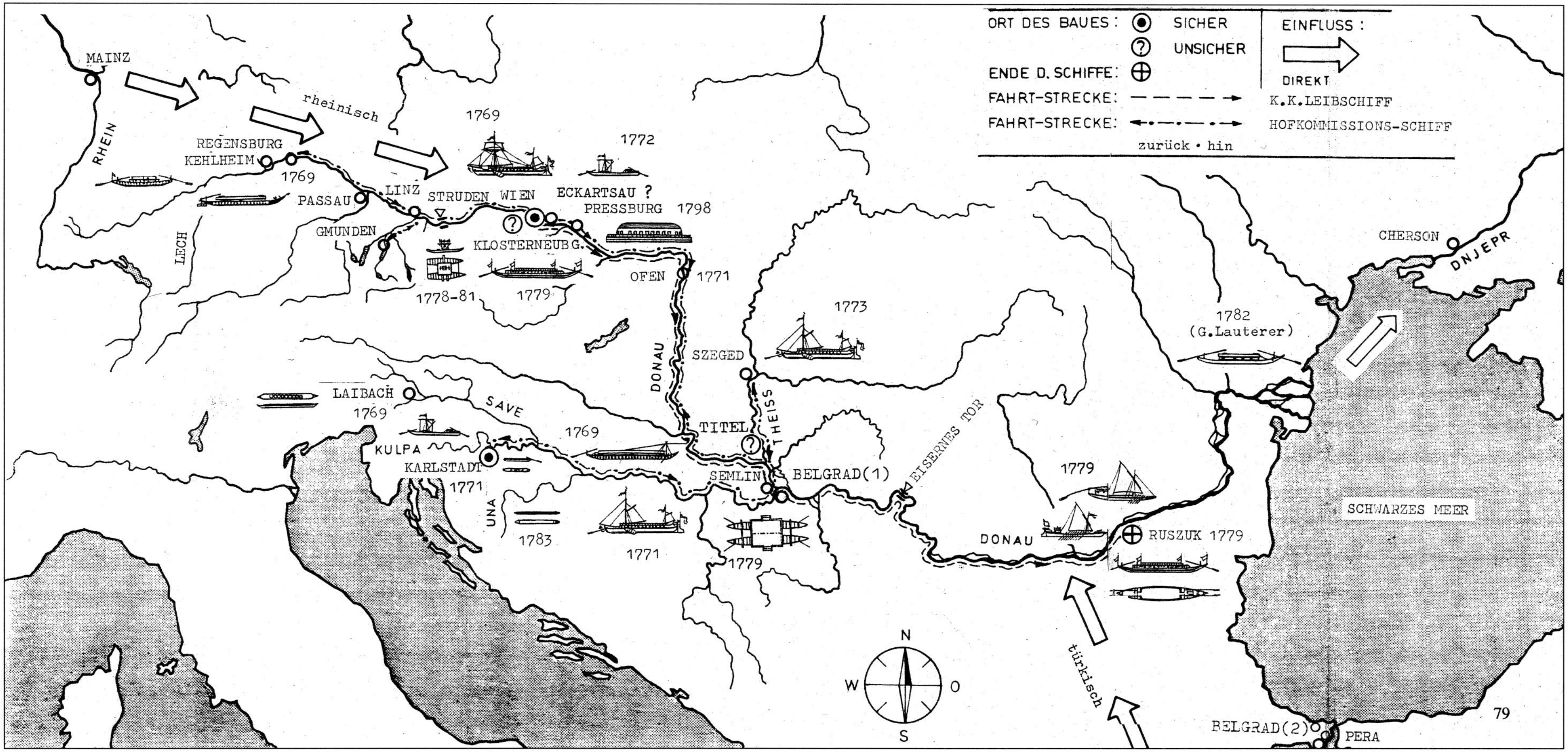
ORT DES BAUES:
SICHER
UNSICHER
ENDE D. SCHIFFE:
FAHRT-STRECKE:
FAHRT-STRECKE:
zurück • hin
EINFLUSS:
DIREKT
K.K.LEIBSCHIFF
HOFKOMMISSIONS-SCHIFF
MAINZ
RHEIN
rheinisch
REGENSBURG
KEHLHEIM
1769
LECH
PASSAU
GMUNDEN
LINZ
STRUDEN
WIEN
KLOSTERNEUBG.
ECKARTSAU ?
PRESSBURG
1798
1769
1772
1778-81
1779
OFEN
1771
DONAU
SZEGED
TITEL
THEISS
1773
LAIBACH
1769
SAVE
KULPA
KARLSTADT
1771
1769
UNA
1783
1771
SEMLIN
BELGRAD(1)
1779
EISERNES TOR
1779
DONAU
RUSZUK 1779
1782
(G.Lauterer)
CHERSON
DNJEPR
SCHWARZES MEER
türkisch
N
W
O
S
BELGRAD(2)
PERA
79

9. Die Donaureise des Internuntius Herbert Freiherrn von Ratkeal von Wien bis Ruszuk im Jahre 1779

Die unter Maria Theresia begonnene Verbesserung der Donauschiffahrt wurde von Joseph II. fortgesetzt. Der Kaiser versuchte für die heimische Industrie, besonders für Schmiede-Erzeugnisse wie Sicheln und Sensen aus den Eisenwurzen, Absatzmärkte in Südosteuropa und Südrußland zu finden.

Als 1779 Herbert Freiherr von Ratkeal die frei gewordene Nuntiatur in Konstantinopel übernehmen sollte, bot sich eine günstige Gelegenheit, den auf türkischem Gebiet gelegenen Unterlauf der Donau zu erforschen. Im Geheimauftrag sollte Kapitän Lauterer das Leibschiff des Internuntius und die fünf Begleitschiffe führen, wobei der Donaulauf ab Semlin zu kartographieren sei.

Die Fahrt, von der das Tagebuch Georg Lauterers, sämtliche Originalkartenaufnahmen sowie zwei Schiffspläne erhalten sind, führte zunächst von Wien (20. Juli 1779) bis Semlin, dem heutigen Zemun, dem letzten Ort am Donaulauf auf kaiserlichem Gebiet.

Hier fand seit der Aufnahme diplomatischer Beziehungen mit der Hohen Pforte stets die Übergabe eines kaiserlichen Gesandten an den türkischen Bevollmächtigten statt. Diese prunkvolle Zeremonie wurde auf der „Fliegenden Brücke“ (oder auch „Übergabemaschine“) vollzogen, die in der Mitte des Grenzflusses Save verankert wurde. Die Grenzlinie war auf der Plattform symbolisch „schwarz-gelb“ und „rot“ markiert und teilte so den kaiserlichen Bereich vom türkischen. Während an den Ufern der Save kaiserliche und türkische Soldaten mit klingendem Spiel paradierten, wurde die Übergabezeremonie durchgeführt. Auch die Gemahlin des Internuntius und jene des Stadtkommandanten von Semlin, Baronin von Sturm, wurden höflich bewirtet.

Nach vollendeter Zeremonie sollte üblicherweise der Gesandte als Gast des türkischen Pascha auf dessen Galeere die Reise durch türkisches Gebiet fortsetzen, aber gerade dies wollte man diesmal nicht. Laut kaiserlichem Geheimauftrag mußte die Delegation einen Weg finden, um mit den eigenen Schiffen durch türkisches Gebiet zu fahren und den unbekannten Donaulauf zunächst bis Ruszuk zu kartographieren.

Die türkische Erlaubnis zur Weiterfahrt konnte erst erreicht werden, als man die Schwangerschaft der Gesandtengattin vortäuschte. Die Türken vermuteten nicht zu unrecht Spionage. Am 17. August 1779 durchfuhren die kaiserlichen Schiffe als erste die gefährlichen Untiefen des Eisernen Tores. Diese Strecke legte der Internuntius an Land zu Pferd zurück.

Am 29. August 1779 wurde nach ca. fünfwöchiger Fahrt ab Wien Ruszuk erreicht, wo alle sechs Schiffe um 325 Gulden an einen türkischen Holzhändler verkauft wurden. Die Weiterreise nach Konstantinopel erfolgte auf der alten Römerstraße. Dort nahm der Internuntius seine erfolgreiche Tätigkeit auf. Es gelang ihm, den Donauhandel von türkischer Bevormundung zu befreien und freie Fahrt durch die Dardanellen zu erreichen. Die von ihm gegründete Willeshovsche Handelsgesellschaft sollte nun den Handelsweg über die Donau und das Schwarze Meer bis zur südrussischen Handelsmetropole Cherson (Krim) führen. Dazu waren starke Schiffe erforderlich. Der Versuch, die damals in Peterwardein seit 1768 liegende Fregatte und ein rheinisches Hepp-Schiff zu erwerben, schlugen fehl.

Obwohl Lauterer 1782 das Donaudelta erreichte und somit der Gesamtlauf der Donau kartographiert war, konnte der geplante durchgehende Handelsweg bis Cherson nicht verwirklicht werden, da geeignete Schiffe fehlten. Trotzdem wurden erhebliche Mengen von Sensen, Sicheln etc. nach Südrußland verkauft.

Die Episode, nach der ein Tiroler Vogelkrämer mit zwei Gehilfen 3000 Kanarienvögel über Lech und Donau um nur 30 Gulden bis Konstantinopel gebracht und dort gut verkauft hat, zeigt wie günstig dieser Handelsweg gewesen ist.

Für die fünfwöchige Fahrt von Wien bis Ruszuk waren für den Internuntius und seine Gemahlin vier Räume auf dem Leibschiff vorgesehen, wobei ein Raum als Bibliothek und Arbeitsplatz bestimmt war. Gegenüber dem unvermeidlichen Söss-Stall war ein Sanitätsraum. Vor dem Raum 1 befand sich eine Loggia mit gepflastertem Boden, die vermutlich als Arbeitsnische fungierte.

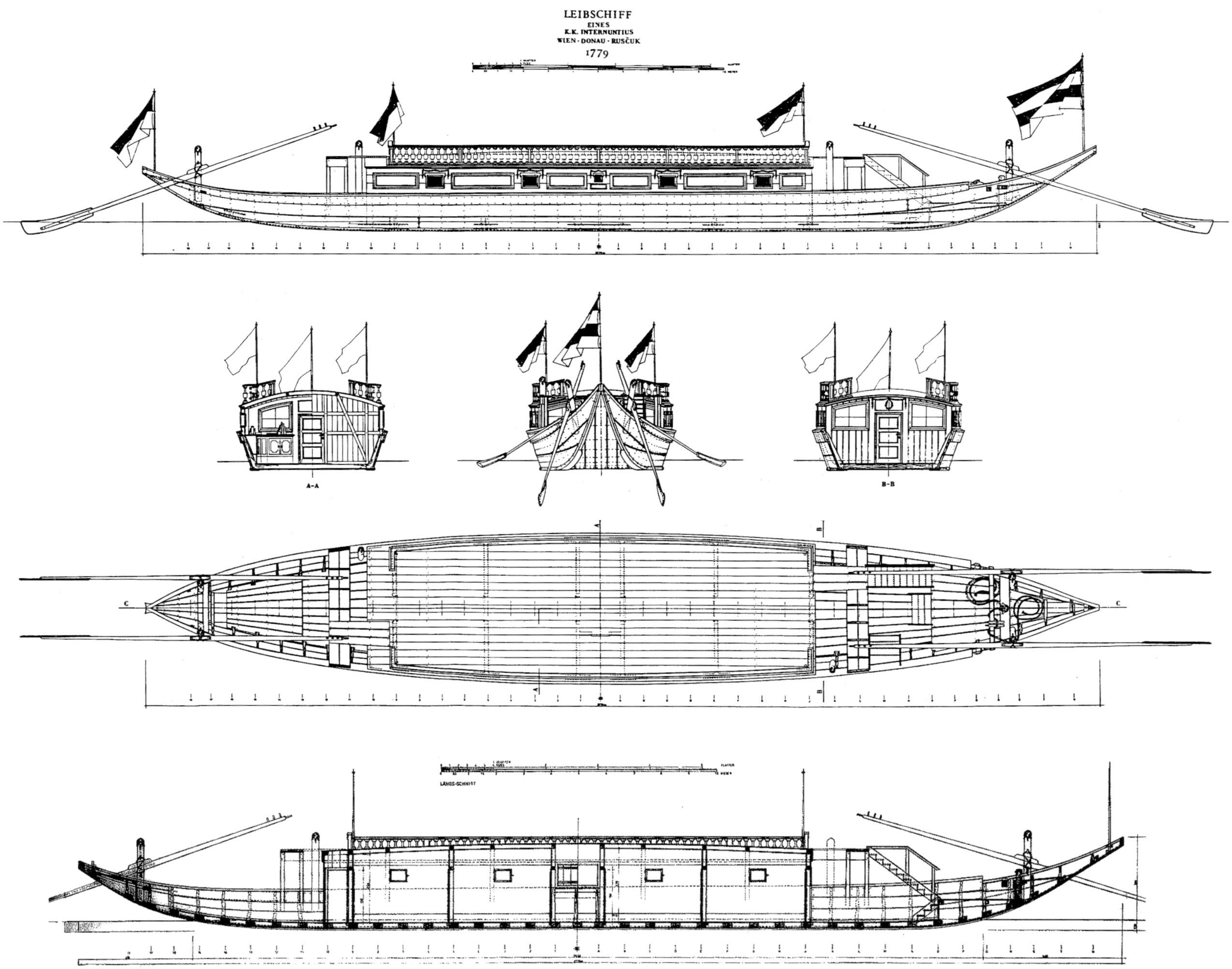
LEIBSCHIFF
EINES
K.K. INTERNUNTIUS
WIEN - DONAU - RUSČUK
1779
A–A
B–B
LÄNGS-SCHNITT

Kaiser Joseph II.
(* 13. März 1741 in Wien, † 20. Februar 1790 in Wien)

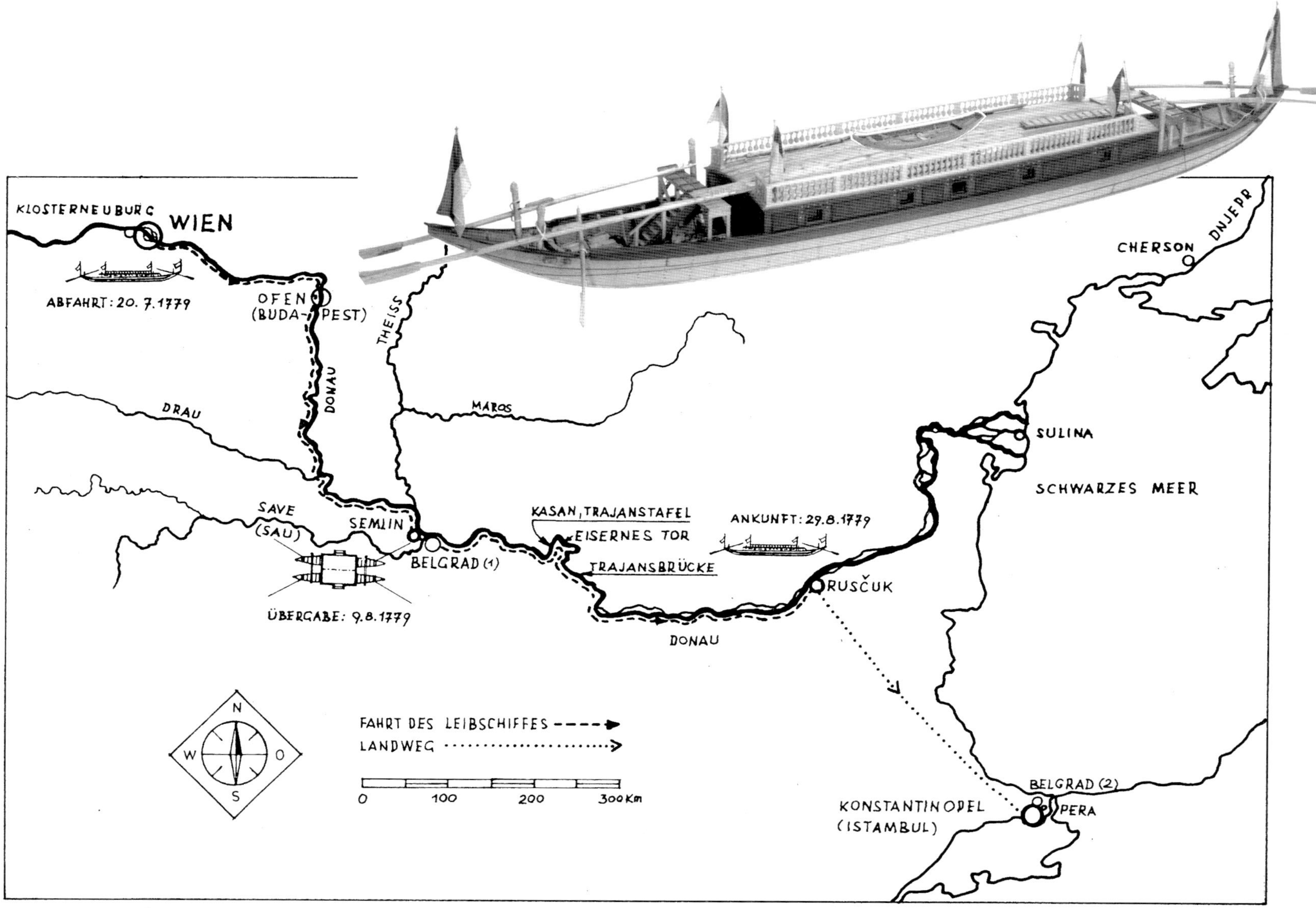

Die Vermessung des unteren Donaulaufes durch Georg Lauterer 1779 fiel in die Zeit der Josephinischen Landesaufnahme 1773–1781. Lauterers Donaukarten wurden später von k. k. Hauptmann Freyherr von Tauferer überarbeitet und 1789 in Wien gedruckt. Tauferer, der sich für die Ideen der Französischen Revolution begeisterte, trat in die Revolutionsarmee ein. 1796 wurde er in Wien hingerichtet

Die Mahlzeiten wurden auf dem Tafelschiff, einem der fünf Begleitschiffe, eingenommen, die am Kuchlschiff zubereitet wurden. Auf dem Cavalierschiff wurden offenbar Pferde mitgeführt, die auch für den Landweg von Ruszuk nach Konstantinopel gebraucht wurden, da berichtet wird, der Gesandte habe den Weg durch das Eiserne Tor auf dem Landweg zu Pferde zurückgelegt, da ihm die Fahrt mit dem Schiff durch die gefährlichen Stromschnellen zu riskant sei. Wie seine Frau diese Strecke zurücklegte, wird nicht berichtet ...! Das fünfte Begleitschiff war für Bagage und Domestiken gedacht. Die Besatzung des ganzen Schiffszuges bestand aus 23 Pontonieren und 33 zivilen Schiffsleuten.

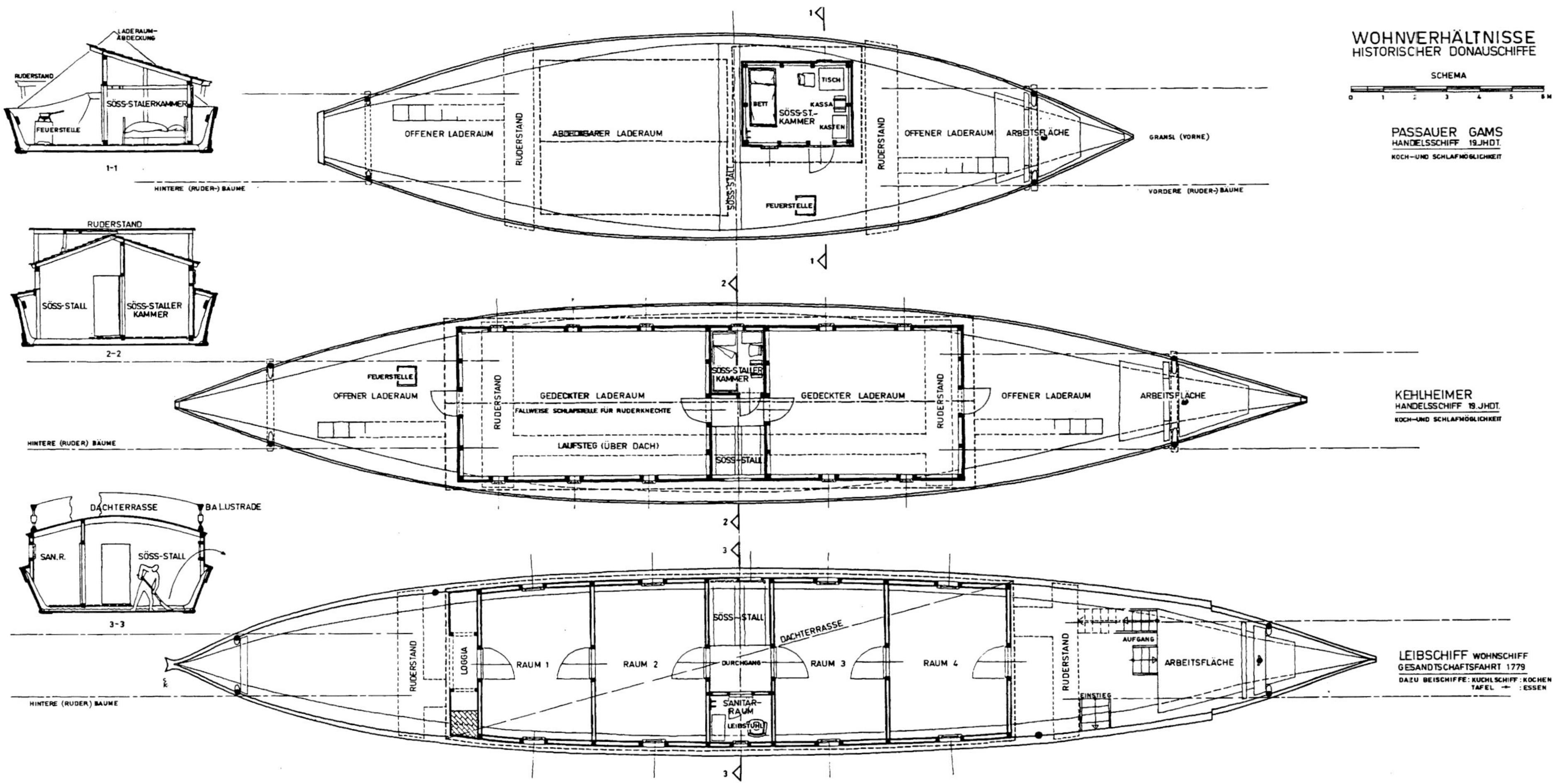

10. Die Schiffe des Theodor Grafen Batthyany aus den Jahren 1783–1798 in der Darstellung zeitgenössischer Zeitungsberichte

Theodor Graf Batthyany, k.k. wirkl. geh. Rat, geboren am 15. Oktober 1730, gestorben am 13. Juni 1812, war ein Freund aller technischen Erfindungen, arbeitete selbst daran mit und verwendete große Summen, um die heimische Industrie durch neue Produkte zu fördern.

In den „Memorabilien des österreichischen Kaiserstaates oder Taschenbuch zur Rückerinnerung an die merkwürdigsten vaterländischen Ereignisse“ aus dem Jahre 1825 heißt es auf Seite 57:

„Schon 1793 erhielt Graf Theodor Batthyani über eine besondere und neu erfundene Bauart der Schiffe, mit welchen man auch wider den Strom fahren könne, ein Privilegium exklusivum auf 20 Jahre unter der Signatur und Firma: ‚Neue königl. privilegierte Schiffbau und Schiffahrts-Compagnie' mit dem Zusatz, daß niemandem, ohne schriftliche Erlaubnis gestattet sein solle, sich der Bauart dieser Schiffe weder im Wesentlichen, noch im äußeren Zufälligen zu bedienen.

1797 erfand Graf T.B. eine neuerliche ‚Wasser-Maschine', womit man auf dem Wasser ohne alle Menschenhände stromaufwärts fahren konnte.

Am 17. Sept. 1797 sprach man in ganz Wien nur von dem Batthyanischen Schiff. Die Probefahrt fand auf der Donau an der Brigittenau statt: Obwohl diese Maschine in sich selbst mehr als 700 Centner Last faßte, so wurde doch noch ein 18 Klafter langer Kehlheimer mit Gedecke, nebst einer Schalupe, zusammen bey 450 Centner schwer angeheftet. Die Maschine ging mit dieser großen Last zur Bewunderung aller Zuschauer aufwärts ihren Weg gegen den stärksten Strom des Flusses, als sie es ohne dieser ihr beygegebenen Last that. Der Schöpfer dieses imposanten Schauspiels war ein kleiner dicker Mann im weiten grauen Überrock mit Perücke und stattlichem Zopf. (Der Berichterstatter schreibt weiter, daß der Intendant des Grafen Baron Max Liechtenstein, ein renomierter Geograph und Schriftsteller, ihn auf einem Schiff herumführte und die Zimmer zeigte.

Eines davon war schwefelgelb ausgemalt, mit vielen Arabesken, scharmant zum Bewohnen eingerichtet, ...)“ (Kleine Wr. Mem. u. Wr. Dosenstücke, Gräffer Band II/115, 1922 München).

Die „Wiener Zeitung“ berichtete immer wieder über des Grafen Schiffe, so etwa am 14. Mai 1783:

„Wien: Das gräfl. Batthyanische SEGELSCHIFF der ‚BUCENTAUER' [nach „Buccentoro“ = goldenes Staatsschiff der venezianischen Dogen – Anm.] genannt, ist vor einigen Tagen an der Brücke unter den Weißgärbern [heute Rotundenbrücke – Anm.] aus Ungarn angelangt. Es bringt eine beträchtliche Ladung von Haber [Hafer – Anm.] und wird sich die Marktzeit hindurch hier aufhalten, dann aber wieder mit Waren beladen nach Ungarn zurücksegeln.“

Oder am 16. Oktober 1784:

„Wien: Von dem ferneren Aufenthalt des Kaisers zu Presburg wird annoch gemeldet: ... Nach Tisch erhoben sich Allerhöchst-dieselben zu Fuße nach dem Ufer der Donau und dem ausgetrockneten Arm dieses Flusses, besahen sich auch das in bau liegende Schif das nach der Absicht seines Urhebers, durch einen inneren Mechanismus getrieben, den Strom sehr geschwinde aufwärts fahren soll. Als Se. Maj. nach Hause zurückgekehret waren, haben Allerhöchstdieselben den Primas des Königreiches, den Kardinal Bathyany Gehör zu geben geruhet.“

Vermutlich handelte es sich bei dem erwähnten Schiff um eines von Batthyany. Auch am 3. September 1792 konnte man in der „Wiener Zeitung“ über Schiffe auf der Donau lesen, wenn auch der Name Batthyany im konkreten Fall nicht fiel:

„Josef II. hat Handelskontrakt und freie Schiffahrt bis ins Schwarze Meer erworben. Man hat viele Versuche gemacht, die Bauart der Schiffe dem ungleichen Lauf der Donau anzupassen, aber kein Versuch entsprach der Erwartung. Ritter Cajetan von Abssandrini ließ viele Modelle von artigen und prächtigen Schiffen in einer neuen, bisher unglaublich gehaltenen Weise bauen, welche sicher die Neugierde einer hohen Noblesse erregen werden. Er selbst war der erste, der am 26. Aug. 1792 mit einem durch seine Neuheit überraschenden Fahrzeug sich auf der Donau sehen ließ und allgemeine

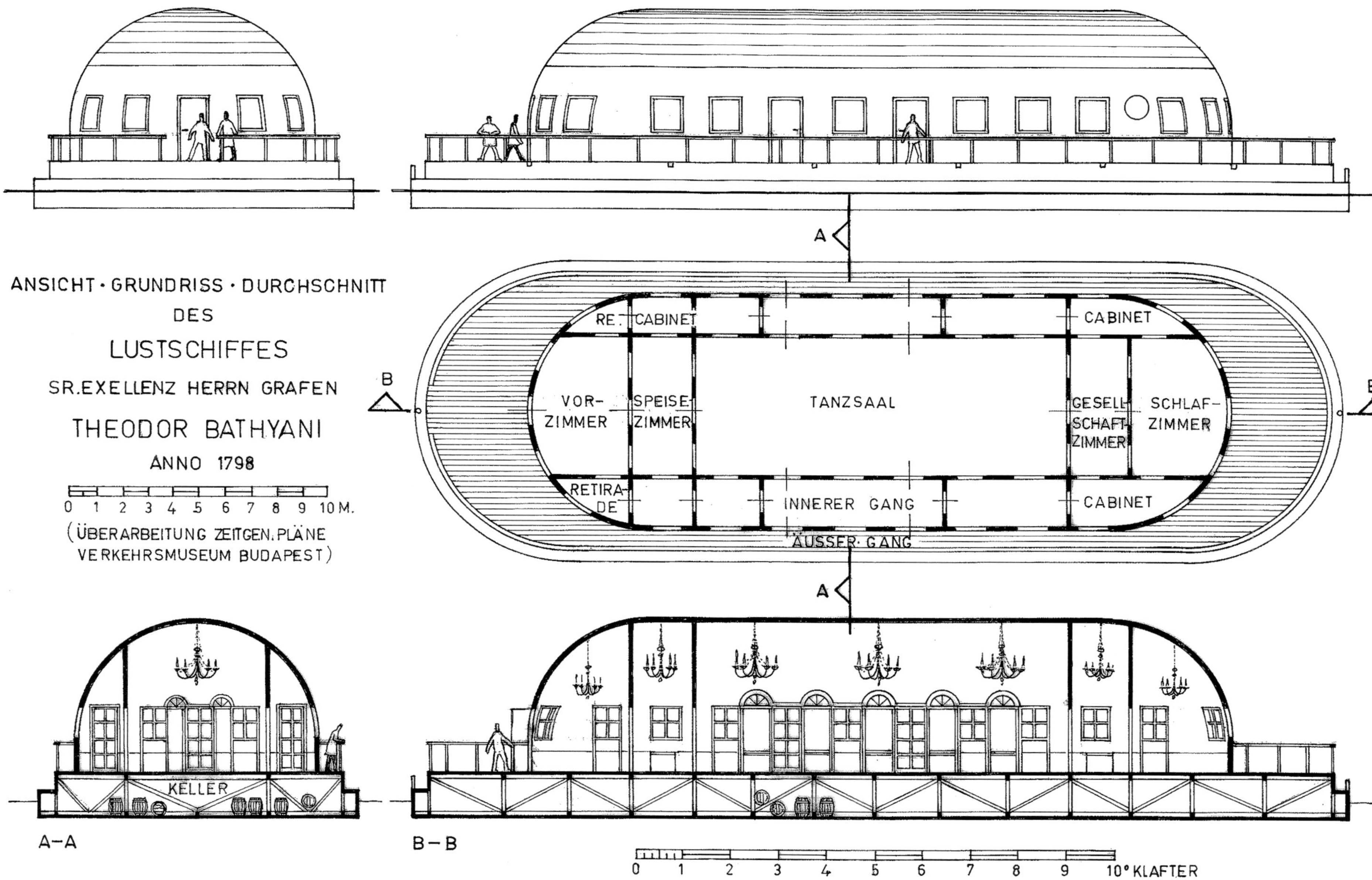

ANSICHT · GRUNDRISS · DURCHSCHNITT
DES
LUSTSCHIFFES
SR. EXELLENZ HERRN GRAFEN
THEODOR BATHYANI
ANNO 1798
0 1 2 3 4 5 6 7 8 9 10 M.
(ÜBERARBEITUNG ZEITGEN. PLÄNE
VERKEHRSMUSEUM BUDAPEST)
A
B
RE.
CABINET
CABINET
VOR-
ZIMMER
SPEISE-
ZIMMER
TANZSAAL
GESELL-
SCHAFT-
ZIMMER
SCHLAF-
ZIMMER
RETIRA-
DE
INNERER GANG
CABINET
ÄUSSER GANG
KELLER
A–A
B–B
0 1 2 3 4 5 6 7 8 9 10° KLAFTER

Bewunderung und Beyfall fand. Er bewies, was man bisher für eine schwierige Sache hielt, daß man mit gleicher Geschwindigkeit stromauf fahren könne. Es fiel das Niedliche und Geschmackvolle der Fahrzeuge auf."

Diese Konstruktion dürfte sich aber nicht bewährt haben, da Batthyany ein Jahr später sein Privilegium erhielt.

Am 19. September 1798 schreibt die „Wiener Zeitung" abermals über Batthyanys Schiffe:

„Den 30. Aug. ist der Graf Theodor Batthyany mit seiner Flotte, die aus 4 ganz neu erfundenen und auf eine ganz besondere neue Art erbauter Schiffe bestehend glücklich in Pest angekommen und hat im allgemeinen Jubel durch die dortige Schiffbrücke den Einzug gehalten. Von diesen Schiffen hat besonders das überaus große, auf keinen Fluß der Welt in Vorschein gekommene Leibschiff Aufsehen erregt."

Auch im Archiv der Niederösterreichischen Landesregierung findet sich eine Notiz aus demselben Jahr über dieses Unternehmen: „Bathiany, Graf, daß seine Abfahrt mit einem Schif ohne Ruder nach Preßburg mit Gefahr verbunden, zeigt die Polizei O.D. an, daß keine Bedenken obwalten."

Über das Aussehen dieser Schiffe, die so viel Aufsehen erregten, gibt ein Bericht von J. Richter Auskunft, der sich unter dem Pseudonym „Eipeldauer" satirisch mit den Zeitumständen auseinandersetzt und in seinem fünften Brief schreibt: „... Gestern bin ich mit meiner Frau Gemahlin auf dem Tabor gewesen und da haben wir d'neuen Schiff angeschaut. Oje! Die sehen aus wie ein Luftballon. Da hat ein Herr ein Leilach [Lach = Laken, Tuch; Lei = Leinen, also Leintuch, hier ist ein Segel gemeint. – Anm.] so wie's auf dem Meer damit fahrn, der Mensch hat doch gar keine Kenntniß, auf ein Schiff aufgespannt und hat den Leuten gezeigt, daß man auch gegen die Donau fahren kann. Herr Vetter! Jetzt wird's Rindfleisch z'Wien wohlfeiler werden, wenn man d'ungarischen Ochsen auf dem Wasser heraufkriegt. Jetzt müssen's aber nur den Vorteil noch ausstudieren, daß d'Donau nicht so reißt, und dann immer der untere Wind geht. Wenn's nur g'scheite Astronimi dabey haben, so ist das Ding so schwer nicht z'machen. Wenn's auf dem großen Weltmeer hinfahren können wo's ihnen beliebt, so werden sie sich wohl von ein so klein Fluß, wie d'Donau ist, kein Gesetz vorschreiben lassen ..."

Diese hier in humoristische Worte gekleidete Meinung hat über Jahrhunderte hinweg immer wieder dazu geführt, Donaukriegsschiffe nach der Art von Seeschiffen zu bauen.

1799 schreibt dann Eipeldauer in seinem ersten Brief:

„... Nicht wit vom Augarten weg, steht der großmächtige Saal, den der brave Herr 'baut hat, den's den österreichischen Neptun nennen; und den Namen verdient er, weil er schon so viel für d'Schiffahrt than hat. Der große Saal steht auf einem Schiff, fast mitten in der Donau drin, und jetzt haben wir also auch ein Wassersaal. O jemine!

Herr Vetter, unsere schönen Damesen und Fräulein können's gar nicht mehr erwarten, bis der wunderschöne Saal fertig ist! Sie werden sich halt vielleicht auf das große Ballfest gfreuen, das auf dem Schiff wird gegeben werden; Denn wenn ihnen beim Tanzen z'warm wird, so können sie sich an der Donauluft wieder abkühlen. Es wär ewig schad, Herr Vetter, wenn der schöne Schiffsaal durch Eisstoß ein Schaden leidn sollt; aber weil Neptun der Wassergott ist, so wird er wohl auch übers Eis zu befehlen haben und da wird er also dem Wunderschiff nicht geschehen lassen ..."

Die kurioseste und ausführlichste Schilderung findet sich jedoch in einem Reisebericht mit dem Titel „Reise von Glogau nach Sorrent über Breslau, Wien, Triest, Venedig, Bologna, Florenz, Rom und Neapel":

„Das Seeschiff auf der Donau: Im verflossenen Sommer ward hier ein Schiff verfertigt, das in seiner Art sehr merkwürdig, vielleicht einzig ist.

Der Fürst Bathyani ließ es bauen und bestimmte es zum Geschenk für die Großfürstin von Rußland, die Gemahlin des ungarischen Palatins; aber diese erhabene Prinzessin starb während der Zeit und nun schwimmt das Gebäude hier als eine Seltsamkeit auf der Donau. Es ist ungefähr so breit und lang als ein Kriegsschiff, hat aber der Form nach viel Ähnlichkeit mit der Arche Noah, nach Abbildungen die man von dieser sieht. Unten, wo es aus dem Wasser hervorragt, gleicht es einer ungeheuer länglichen Schachtel; auf diesem Untersatz ist ein großes langes Verdeck erbaut, in Gestalt einer von einander geschnittenen Eichel, worin eine Menge Fenster angebracht ist. Unter diesem runden Dache befinden sich die Zimmer des Schiffes, nämlich große Säle, die prächtig möbliert sind und besonders eine Menge großer Spiegel

Die Batthyany-Schiffe wurden durch losgerissene Kehlheimer im Eisstoß 1796 beschädigt. Der untere Rand der Schiffe war mit Streifenornament verziert. Graf Batthyany sorgte auch etwas für die Volksbelustigung: So ließ er beim Eisstoß in Nußdorf am 29. Jänner 1803 Kanonen mit Eiskugeln laden und eine Bresche in das Eis des Flusses schießen

Ankunft der Batthyany-Schiffe in Preßburg. Auf der Rückfahrt nach Wien sollen sie bei den „Weißgärbern" (Lände am Donaukanal, heute bei der Rotundenbrücke) angelegt haben

haben. Es macht einen besonderen Eindruck in einem Schiff, worin man nur kleine Behältnisse gewohnt ist, große Tanz- und Speisesäle zu finden. Aus diesem mittleren Theile des Schiffes steigt man eine Treppe hinunter in den Raum und eine hinauf in die oberen Gänge. Statt des Mastbaumes ist in der Mitte des Schiffes ein rundes Belvedere angebracht. In diesem findet man eine Camera obscura, wo man auf einem Tische die Szene ringsum wahrnimmt: Die Donau, die Brücken, die Wälder und Wien selbst, je nachdem die Maschine gedreht wird. Steigt man noch eine Treppe höher hinauf, so ist man in freier Luft und erblickt alles in der Natur selber, was man vorher als ein Miniaturgemälde sah.

Eine andere Merkwürdigkeit dieses Schiffes ist eine Spieluhr, welche Janitscharenmusik macht. Mir schien besonders die Gewalt der Luft merkwürdig, wodurch die Stöße der Trompete hervorgebracht wurden.

Ein Mechaniker namens Giuliani soll die Angaben zu diesem Schiffe gemacht haben. Der Fürst Bathyani war sein Gönner, weil er eine Maschine erfunden hatte, vermöge welcher ein Schiff durch Bewegung der Ruder gegen den Strom fährt. Die Maschine stand im Kleinen auf einem Tisch im Schiff und war ziemlich einfach. In der Mitte derselben sah man eine Scheibe welche gedreht werden konnte und sodann die Ruder nach vorn hin bewegte und wieder zurückstieß. Es schien, als sey die Sache ausführbar. Nur kann man im Kleinen und auf einem Tische wo alles regelmäßig, alles Hindernde entfernt ist, durchaus nicht von dem wirklichen Erfolg urtheilen.

Diese muß durch Versuche im Großen sich bewähren. Da das Schiff seine eigentliche Bestimmung verloren hat, so ist es zum Vergnügen des Volkes bestimmt und gleichsam ein schwimmendes Kaffehaus. Alle Sonntage tanzt drin, wer will und den andern Tag wird es ebenfalls von jedem Schaulustigen besucht. Es ist ein sonderbarer Anblick, Bauern, Matrosen und allerhand gemeine Leute auf den Sophas sitzen oder sich in den großen Spiegeln betrachten zu sehen. Da diese zum Theil bis auf die Erde reichen, so ist es zu verwundern, daß nicht schon welche von ihnen haben hineingehen wollen. In Gefahr sind die Spiegel gewiß, von den Leuten für einen Durchgang in einen anderen Saal angesehen zu werden. Das Schiff hat mehr als 100.000 Rthlr. [Reichstaler – Anm.] gekostet."

Wassermaschine (Bucentauer) des Grafen Batthyany 1797 im Fahnstangenwasser am Tabor. In der Dachlaterne, Belvedere genannt, befindet sich die im Fließtext erwähnte Camera obscura

11. Schiffe am Donaukanal, auch „Kleine Donau“ genannt

Marktzille

Die Bezeichnung Donaukanal stammt bereits aus dem Ende des 17. Jahrhunderts. Es soll darauf hingewiesen werden, daß auch der am weitesten rechts liegende Donauarm, der Donaukanal, ein natürlicher Flußarm war, der die wichtige Zufahrt der Handelsschiffe zur Stadt bildete. Infolge seiner Bedeutung wurden die Ufer dieses relativ schmalen Armes schon in der Zeit Karls VI. mit Holzpfählen und Steinschüttung befestigt und immer wieder ausgebessert, um der geophysikalisch bedingten Links-Verlagerungstendenz entgegenwirken zu können. Eine Ausmauerung des Bettes konnte aus Geldmangel nicht realisiert werden. Die Erhaltung des „Donaukanals“ war aus verkehrstechnischen Gründen außerordentlich wichtig, da er der einzige Donauarm war, der die Stadt damals mit dem Hauptstrom verband.

Der Obstmarkt am „Schanzl“ unterhalb der alten Augartenbrücke. Hier befand sich auch die Wassermaut. Um 1769 versuchte M. Hepp hier eine Kran-Verladeanlage zu errichten (Gemälde von A. Schön, 1895). Unverpackte Waren konnten direkt vom Schiff verkauft werden, wie hier rechts im Bild. Waren in Kisten oder Fässern mußten am Markt angeboten werden

Die von Oberösterreich kommenden Marktzillen legten am „Schanzl“ (heute im Bereich Franz Josefs-Kai, Salztorbrücke) im Wiener Donaukanal an. Dort befand sich die „Oberländer Gstättn“, jener Markt, auf dem die Oberländer ihre Waren verkauften. Die Marktplätze und die Art des Warenverkaufes waren genau festgelegt. Es bestanden gesetzliche Regelungen, ob die Waren vom Schiff aus verkauft oder ausgeladen werden mußten. Die hier und auf S. 82 gezeigte Marktzille ist „zu gricht“, das heißt, sie war innen mit Brettern ausgekleidet, so daß z.B. Äpfel direkt im Schiff ohne Kisten verladen werden konnten.

Bei den Märkten, wo die Waren mit Schiffen zugeliefert wurden, arbeiteten sogenannte „Zillenräumer“ und „Plättenschinder“ . Die ersten hatten die Aufgabe, die leeren Fahrzeuge zu sammeln und so zu verheften, daß sie den Verkehr nicht behinderten. Es war ihnen untersagt, eventuelle Warenreste, die sie in den Schiffen fanden, sich anzueignen. Die „Plättenschinder“ verarbeiteten – wie erwähnt – die nicht mehr verwendbaren Fahrzeuge zu Brennholz.

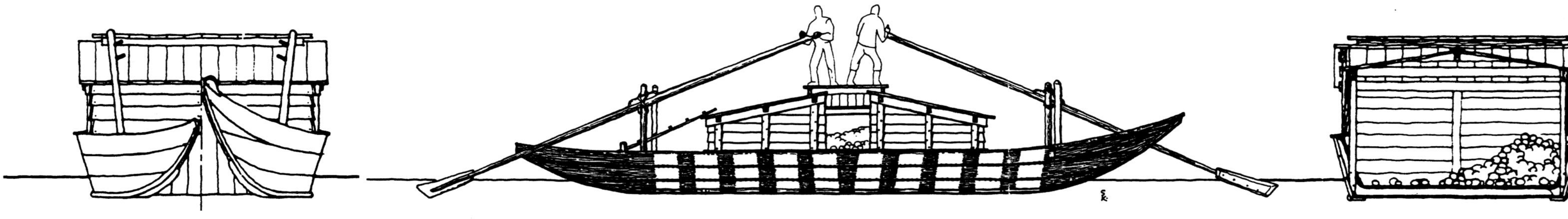

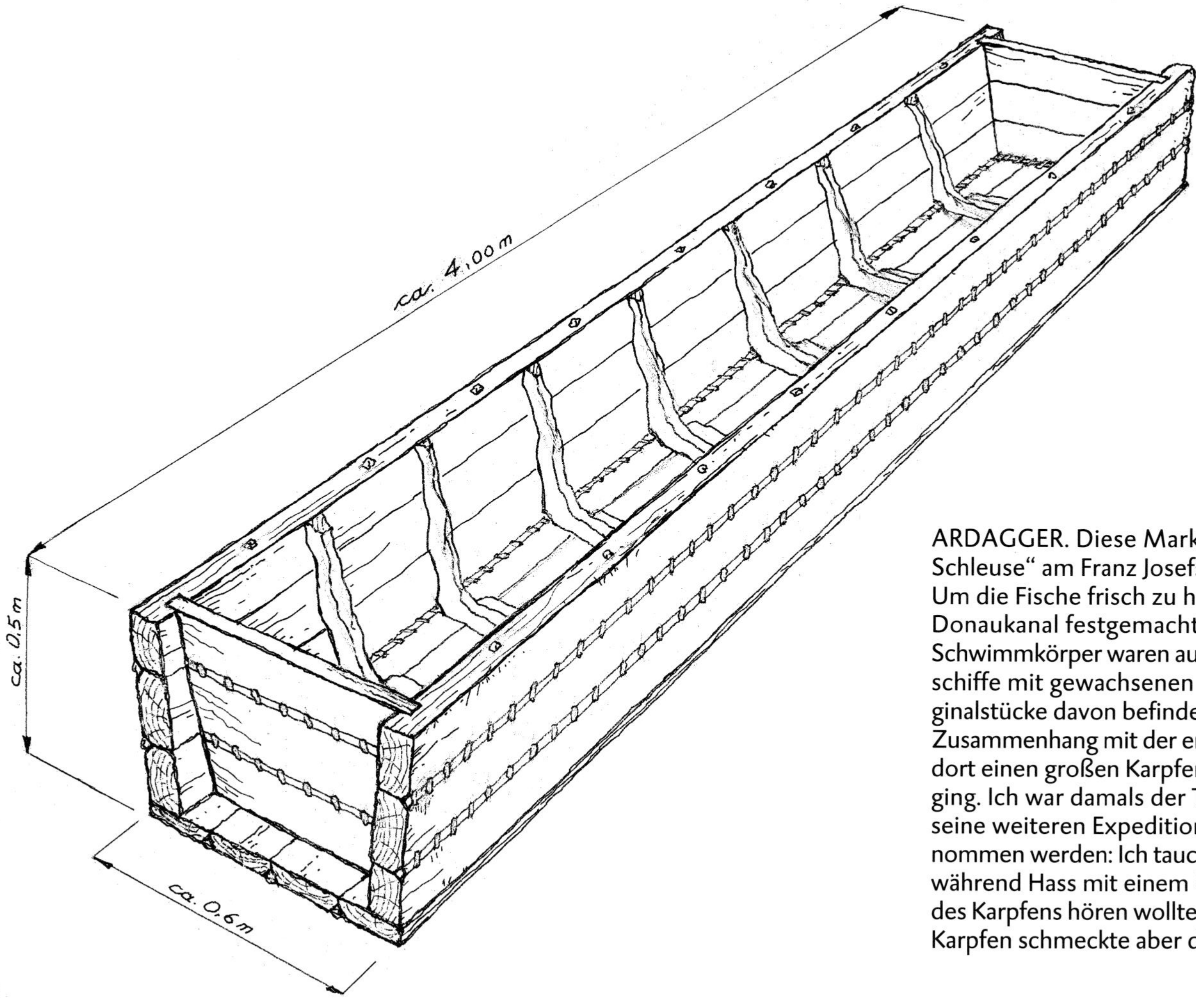

ARDAGGER. Diese Marktzillen legten am „Schanzl“, heute Ort der alten „Kaiserbad-Schleuse“ am Franz Josefs-Kai, an. Dort befand sich ca. 1960 eine große Fischhandlung. Um die Fische frisch zu halten, waren dort begehbare rechteckige Schwimmkörper im Donaukanal festgemacht, an deren Seiten die Fischbehälter im Wasser hingen. Diese Schwimmkörper waren aus starken Fichtenpfosten in der üblichen Art historischer Donauschiffe mit gewachsenen Wurzelkipfen und Moss-Schoppung (Dichtung) gebaut. Originalstücke davon befinden sich in der Sammlung des Autors. Der Autor erinnert sich im Zusammenhang mit der erwähnten Fischhandlung: „Es war im Sommer 1946, als ich ebendort einen großen Karpfen kaufte und damit in das schräg gegenüberliegende Diana-Bad ging. Ich war damals der Techniker von Dr. Hans Hass, der die Unterwasserkameras für seine weiteren Expeditionen baute. Im Diana-Bad sollte ein besonderer Versuch unternommen werden: Ich tauchte mit dem Karpfen im eigens angemieteten Schwimmbecken, während Hass mit einem Unterwassermikrophon die besonderen Flossenschwingungen des Karpfens hören wollte. Statt dessen nahm er lediglich meine Flossenschläge wahr. Der Karpfen schmeckte aber dann trotzdem sehr gut.“

Pferdezug am Wiener Donaukanal. Das Schiff unter der alten Brigittabrücke wird über einen Storz an der uferseitigen Schiffswand gezogen. Die Pferde-Kummete sind vom Künstler nicht ganz richtig dargestellt, doch ist besonders beim letzten Pferd die Andeutung der Lyra-Form erkennbar

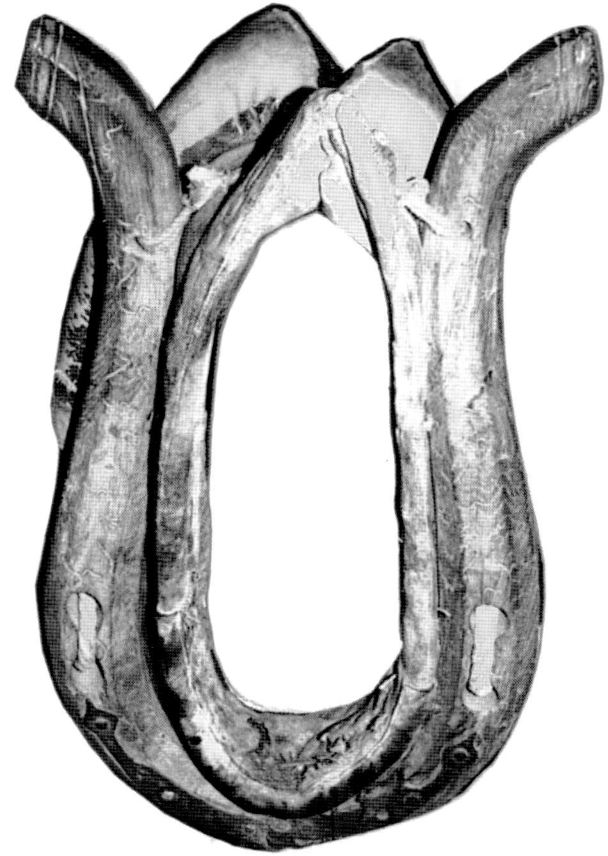

Ein typisches Schiffspferd-Kummet mit lyraförmigen Klesterhölzern

Wappen Brigittenau: weißer Anker, blaues Feld; jenes von Zwischenbrücken: rote Zunge, fünf Sterne in blauem Feld (hl. Nepomuk)

Vergnügungsfahrt beim Lusthaus, dem ehemaligen kaiserlichen Jagdhaus im Prater

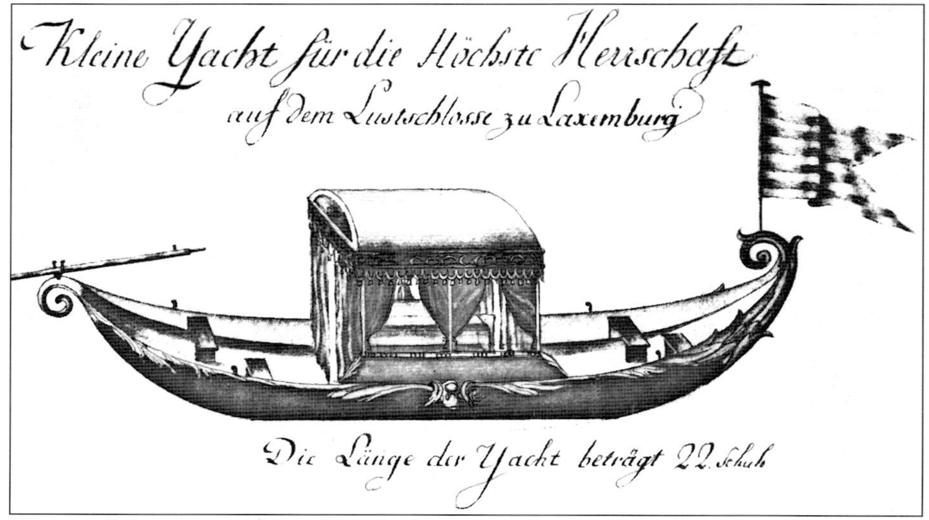

Vergnügungsschiff, Laxenburg

Vor der Zuckerraffinerie des Vincent Mack am Schüttel (heute Wien II., Gegend Rotundenbrücke) liegen einige Frachtschiffe. Die beiden Schiffe mit den „Doppel-Hütten“ ähneln den Salz-Kobeln auf den Salzkammergutseen. Am rechten Ufer ein Vorreiter mit Stange. Carl Graf Vasquez, 1835

12. Ulmer Schachtel

Während die Leibschiffe nur für Fahrten besonderer Persönlichkeiten (Herrscher, Gesandte und Würdenträger) bestimmt waren, wurden für den allgemeinen Personen- und Postverkehr sogenannte „Ordinari-Schiffe“ verwendet. Darunter verstand man die in bestimmter Ordnung, also nach Zeitplan, regelmäßig verkehrenden „Linienschiffe“ (Der Posttransport war durch eigene Bestimmungen geregelt).

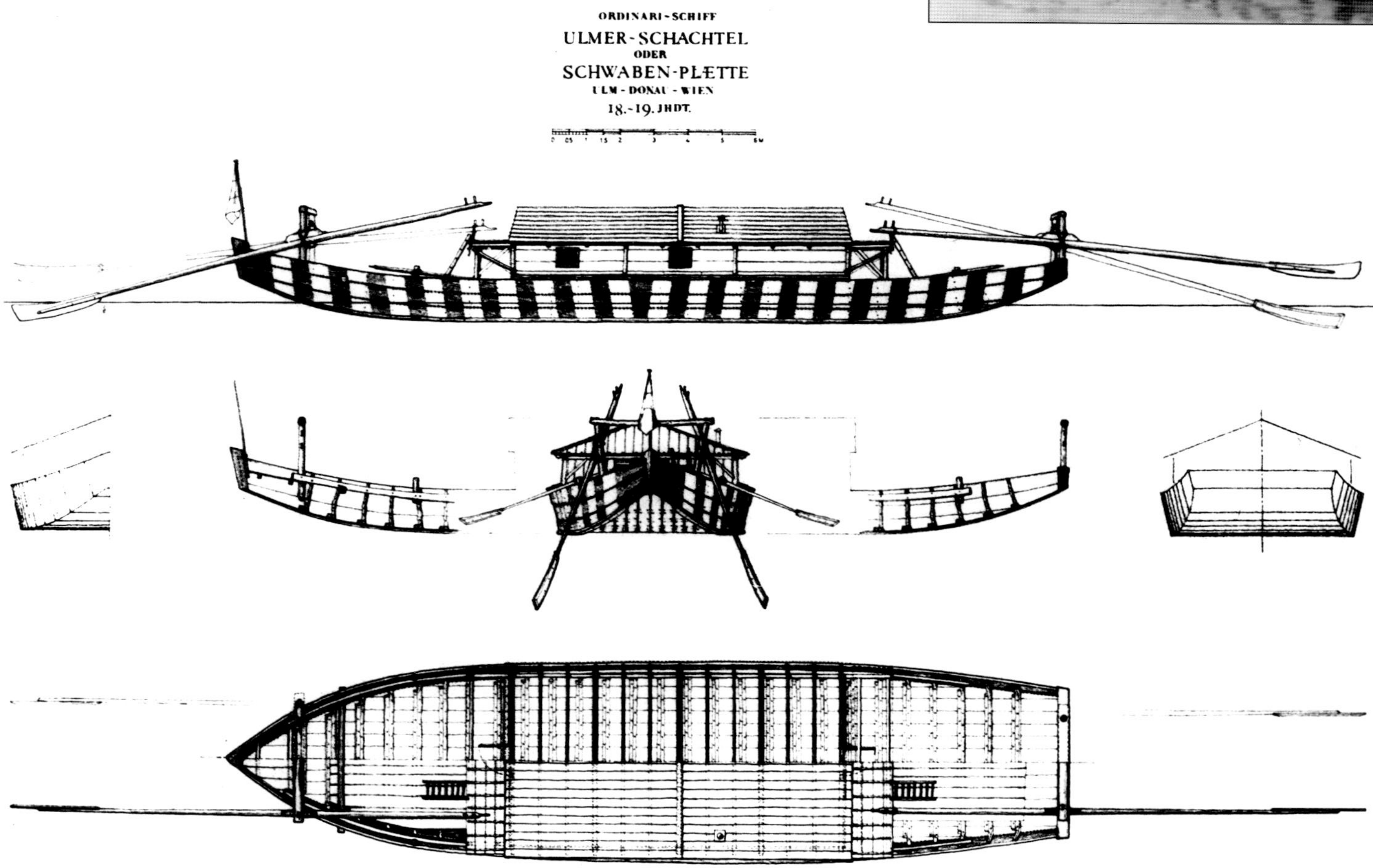

Ulmer Schachtel

Der bekannteste Typ solcher „Ordinari-Schiffe“ ist wohl die „Ulmer Schachtel“. Diese Bezeichnung ist ursprünglich ein Spottname, den diese Schiffe ihrer einfachen schachtelartigen Bauweise zu verdanken hatten. Die Schiffe hatten eine Länge von ca. 25–30 m.

Die Ulmer Schachtel hatte meist als Verzierung nur die landesübliche „Brandstreifung“ (schräges Streifenornament, eingebrannt). Jeden Sonntag ging ein „Ordinari-Schiff“ von Regensburg oder Ulm ab. Die Fahrt bis Wien dauerte sieben bis zehn Tage. Dort wurden die Schiffe als Brennholz verkauft.

Der regelmäßige Ordinari-Verkehr wurde vermutlich nach Ende des siebenjährigen Krieges etwa um 1763 aufgenommen.

13. Zillen, Furkelzillen und Mutzen

Als Zille wurden an der Donau Fahrzeuge bezeichnet, die an beiden Enden spitz waren, unabhängig von der Größe, zum Beispiel eine Waidzille für den Fischfang, oder ein Beiboot mit einer Länge von ca. sieben Metern, aber auch ein Kehlheimer (= Klobzille) mit 42 m Länge. Letztere war der größte Schiffstyp auf der Donau und fungierte als 1. Anhangschiff bei einem Schiffzug.

Die Bezeichnung Plätte galt für Schiffe, die mindestens an einem Ende breit waren.

Eine Zille als Seilträger (siehe auch Schiffzug) wurde als Furkelzille bezeichnet, weil das Seil in einer Gabel (lateinisch: furcula) lag. Bei ihrer Verwendung als Pferdetransportmittel wurde diese Zille ausnahmsweise als Roßplätte bezeichnet.

Eine Mutze, mit der man das schwere Zugseil notfalls über den Strom führen mußte, war daher auf beiden Seiten breit.

Eine Darstellung des Kehlheimers (Länge 36 bis 42 m) finden wir bereits 1769 noch mit dem „Storz". Diese Zugeinrichtung war bereits bei den Römern 101 n. Chr. unter der Regentschaft Kaiser Trajans in Verwendung. Die Steuerung erfolgte über einen hinteren Ruderbaum. Zur besseren Manövrierung waren seitlich sogenannte Antauchruder angebracht, mit denen aber niemals gegen den Strom gerudert wurde. Die Wände (Bordwände) waren an ihrer Oberkante durch einen „Feil- oder Windladen" erhöht, um bei starker Beladung durch Wellenschlag nicht gefährdet zu werden.
Der rechts oben abgebildete Kehlheimer stammt aus einer späteren Zeit (ca. um 1800). Hier sind die Auswirkungen der rheinischen Schiffe von M. Hepp deutlich erkennbar. Konnten sich auch die Segel und Seitenschwerter bei landesüblichen Schiffen nicht durchsetzen, so wurden doch Anker, Troklea und Timon auf vielen Schiffen verwendet. Manchmal wurden auch Granslverzierungen (= Galionsfigur) angebracht wie z.B. ein geschnitzter Schlangenkopf.
Segel waren an der oberen Donau wegen der starken Strömung und wechselnden Windrichtungen unüblich. Bereits 1769 gab es Versuche, Schiffe nach rheinischem Vorbild auf der Donau einzuführen, die aber fehlschlugen. Auch Verbesserungsvorschläge des berühmten schwedischen Schiffbaumeisters Fred af Chapman hatten an der Donau keinen Erfolg

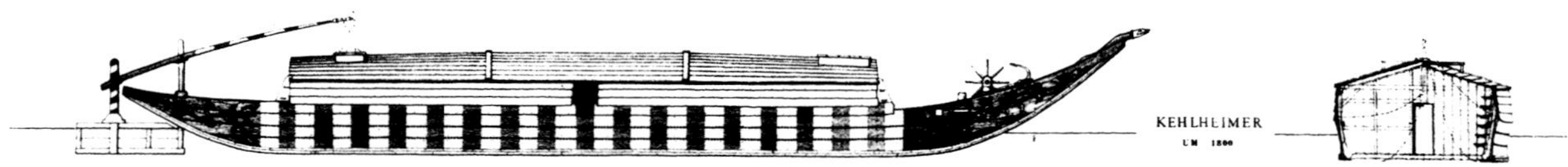

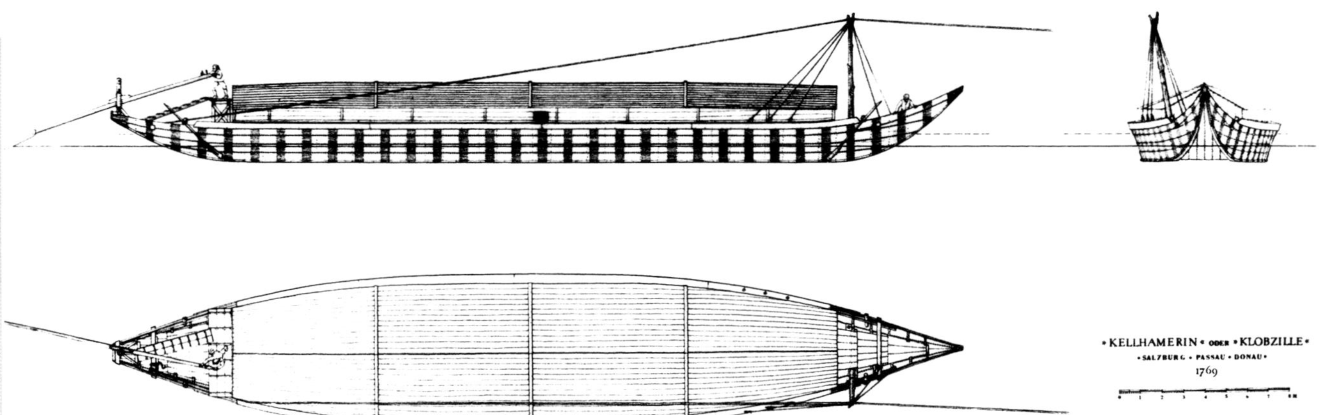

r“ (= Vorderteil) einer Furkelzille, 18./19. Jahrhundert

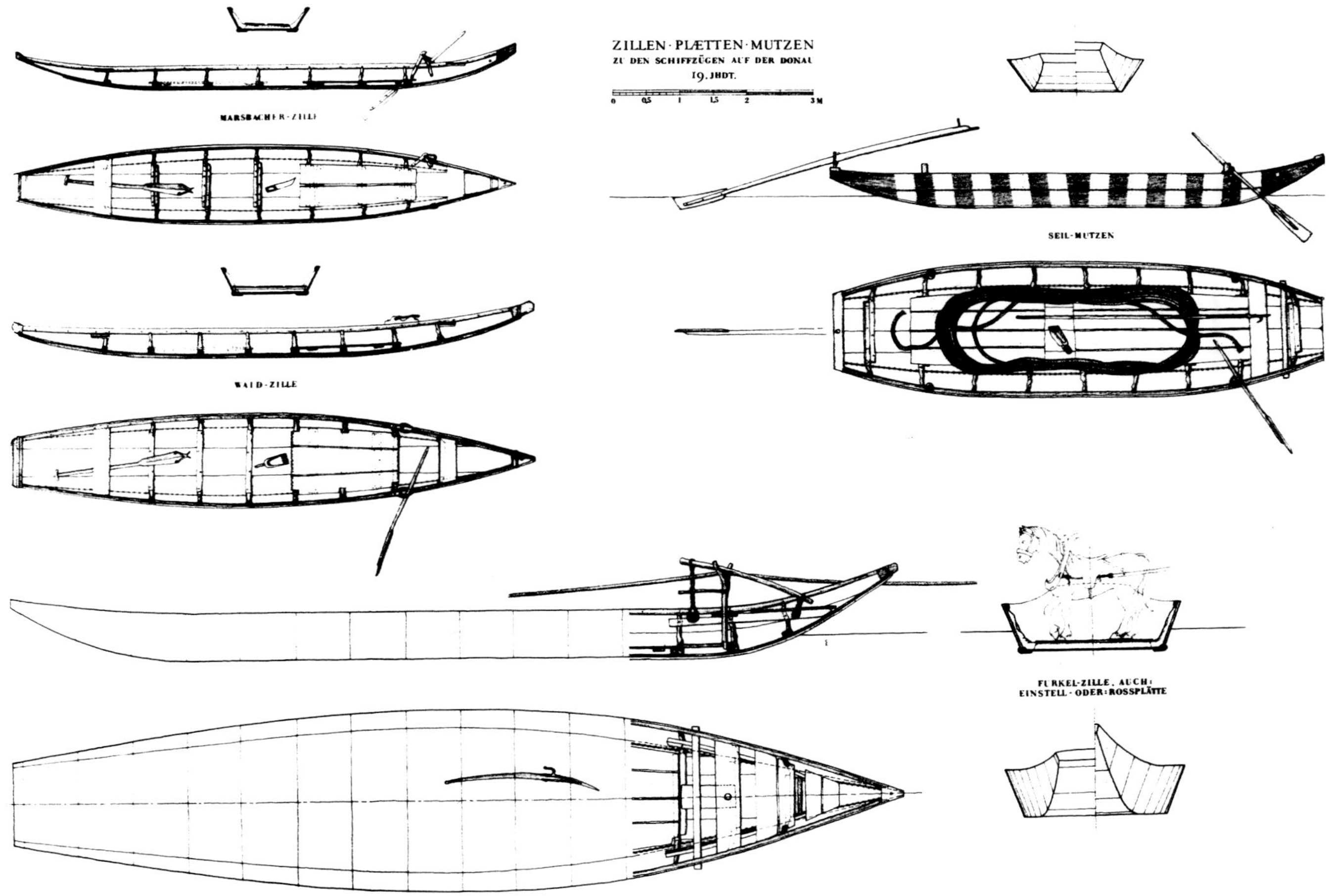

Die Furkel, eine drehbare Astgabel zur Auflage und ein Knebel zur Fixierung des Zugseiles (= Buesen)

Das Modell des Kehlheimers befindet sich im Schiffahrtsmuseum Spitz/Donau

Blick von der Rotenturm-Bastei auf die alte Taborbrücke mit Streifenornament (Ölgemälde von Adalbert Marzig)

Anwendung des Streifenmotivs im 20. Jahrhundert zur besseren Sichtbarmachung der Schaufeln von Schneepflügen, Einfahrten, Masten, Kanten und Brücken. Die Warnstreifen der U-Bahn-Brücke (Wien, Heiligenstadt) zeigen die gleiche Form, wie sie auf historischen Donauschiffen üblich gewesen sind. Das Streifenornament, das nicht alle Schiffe aufwiesen, war vermutlich auch eine Modesache

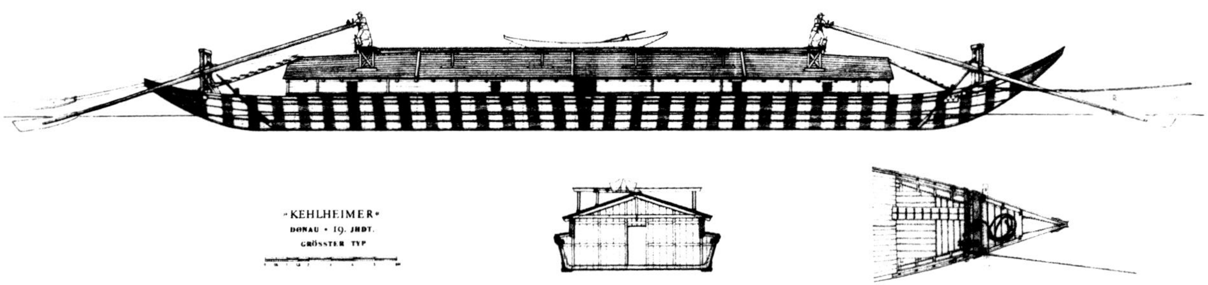

1. Anhangschiff. Kehlheimer 19. Jahrhundert
Der hier abgebildete Kehlheimer stellt die klassische Form einer Hohenau dar, wie das größte Zugschiff in den Schiffzügen genannt wurde. Besser gebaute Schiffe, wie z.B. dieser Kehlheimer, wurden in Schiffzügen wieder stromaufwärts gezogen. An der „Prur" (= Vorderteil des Schiffes) befand sich die „Schwing" (= Querbalken), über die das Zugseil (= Buesen) gelegt wurde. Die Steuerung erfolgte über vier lange Ruderbäume, die bis zu 18 m lang sein konnten und an „Sturln" (= senkrechten Pfosten) in „Wieden" (= Astschlingen) drehbar gelagert waren. Die Beladung betrug bis zu 150 Tonnen.
Der große Hüttenaufbau dieser Schiffe ermöglichte den Transport von empfindlichen Gütern wie Salz, Getreide etc. Trotz dieser Deckung konnte vor und hinter der Hütte in die offenen Teile Regenwasser eindringen, das sich in der Schiffsmitte, dem sogenannten „Söss-Stall", sammelte und von dort mit einer „Handsöss" (= Holzschaufel) bei dem großen Fenster in der Hüttenmitte ausgeworfen wurde. Der „Nauferg" genannte Führer des gesamten Schiffzuges, der auch die Schiffskassa verwaltete, hatte neben diesem „Söss-Stall" seine Kammer und wurde daher auch „Söss-Staller" genannt

III. Schiffzüge und Gegenstromprojekte im 18. und frühen 19. Jahrhundert, die letzten hölzernen Kriegsschiffe an der Donau in Wien

1. Schiffzüge

Seit der Zeit, als die Römer ihre Lastschiffe durch Menschenzug gegen den Strom gebracht hatten, floß viel Wasser die Donau hinunter, bis um 1818 das Zeitalter der Dampfschiffe einsetzte. Dennoch waren bis zum Beginn des 20. Jahrhunderts immer noch Pferdezüge unterwegs.

Ein klassischer Schiffzug bestand aus 20 bis 30 gekoppelten Pferdepaaren, die mittels eines Seil- oder Kettensystems an ein langes Zugseil (ca. 120 m) gespannt waren. Der Zug, bei dem jedes zweite Pferdepaar beritten war, wurde von einem Vorreiter angeführt, der bei Furten die Wassertiefe mit einem Stock prüfte.

Damit das lange schwere Zugseil nicht ins Wasser tauchte, wurde es von zwei bis vier Furkelzillen getragen, die auch als Roßplätten verwendet wurden, um die Pferde wieder an ihren Ausgangspunkt stromabwärts zu bringen.

An das Zugseil waren drei Lastschiffe gehängt: als erstes Schiff die Hohenau, ein Kehlheimer mit 36–42 m Länge und ca. 80–150 t Tragkraft, als zweites die Nebenbei, eine Passauer Gams mit kleiner Hütte, und als drittes der Schwemmer, eine offene Inngams.

Um die Gefahr, daß das Zugseil reißt, zu vermeiden, ließ Maria Theresia langfaserigen Bologneser Hanf anbauen, der zu Zugseilen verarbeitet wurde.

Stromabwärts konnten wegen der schwierigen Steuerung nur ca. 75% der Ladung der stromauf gehenden Schiffe geführt werden.

Es gab an der Donau Engstellen, wo mit Pferden nicht gezogen werden konnte. Deshalb mußte auf die menschliche Arbeitskraft zurückgegriffen werden. Die Praxis des Schiffziehens durch Gefangene unter militärischer Bewachung erwies sich als notwendig, da es zuvor oft vorgekommen war, daß ein Schiffmeister den Launen dahergelaufener Hilfskräfte ausgeliefert war. Diese nützten schwierige Situationen zur Erpressung höherer Löhne aus oder verweigerten die Arbeit und liefen einfach weg, wenn sie ihnen nicht mehr behagte. In einem Brief aus dem Jahre 1787 verfügte Joseph II., daß die „Schiffzieher" (= Sträflinge, die zum Schiffziehen verurteilt worden waren) oberhalb von Peterwardein verlegt werden müssen. Die zum Schiffzug untauglich gewordenen Sträflinge wurden aus dem „Kriminalfond" erhalten. Diese Strafe wurde mit Hofdekret vom 19. Juli 1790 von Kaiser Leopold II. aufgehoben.

Mit dem Begriff „Schiffziehen" verband man zu jener Zeit aber auch noch eine andere Bedeutung, wie aus einer Verordnung der niederösterreichischen Regierung vom 26. September 1803 hervorgeht: „Schiffziehen: Das Glückspiel wird, wie alle anderen Hasardspiele unter Strafe von 300 Dukaten verboten."

Dieses Hasardspiel wird auch in den Eipeldauerbriefen des Jahres 1803 erwähnt: „Weil's Pharospiel verbothen ist, so haben einige raffinierte Spielerköpf' ein anderes Spiel ausgedüpfelt, das mit'n Pharo so ziemlich Gschwisterkind ist, und das nennen's das ‚Schiffziehn'. Jetzt ist aber das Spiel schon vor mehreren Wochen auf einmal verbothen worden, weil sich's gefunden hat, daß's bloße Glück dabey regiert, und daß die Geschicklichkeit gar nichts daby zu thun hat: da gibt's aber jetzt eine Menge Herrn, die desperat darüber sind, daß nimmer Schiffziehn därfn."

Welcher Art dieses Hasardspiel war, bleibt einer späteren Forschung vorbehalten.

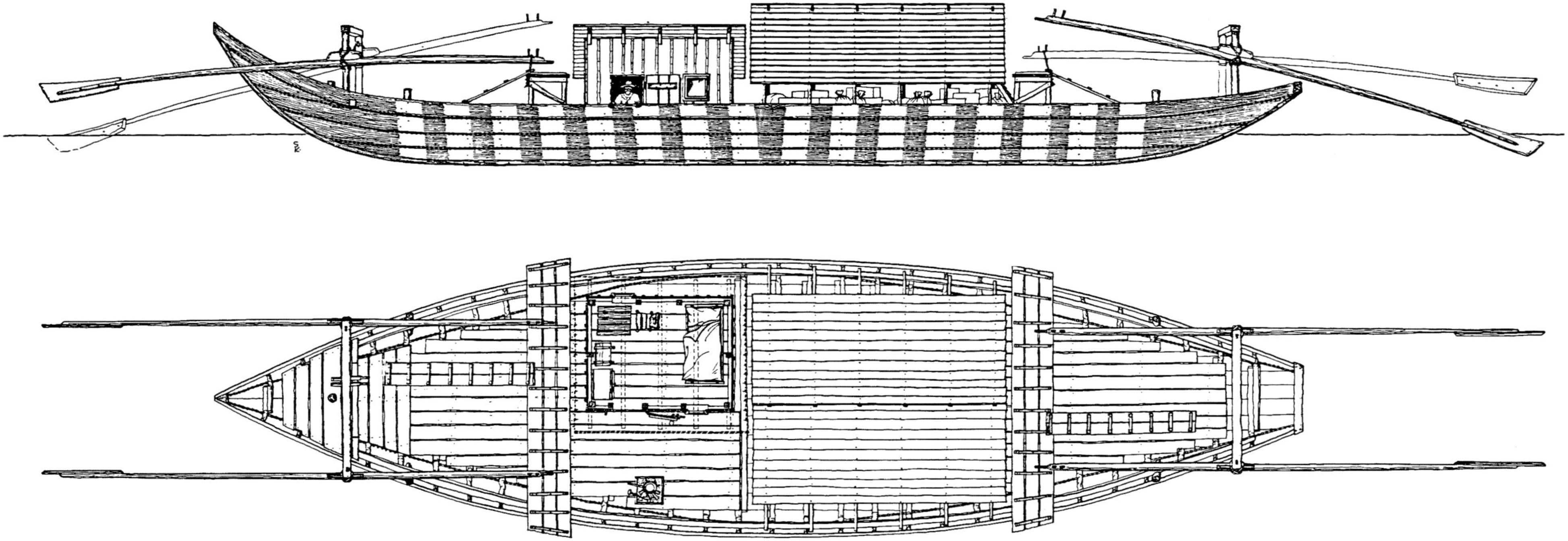

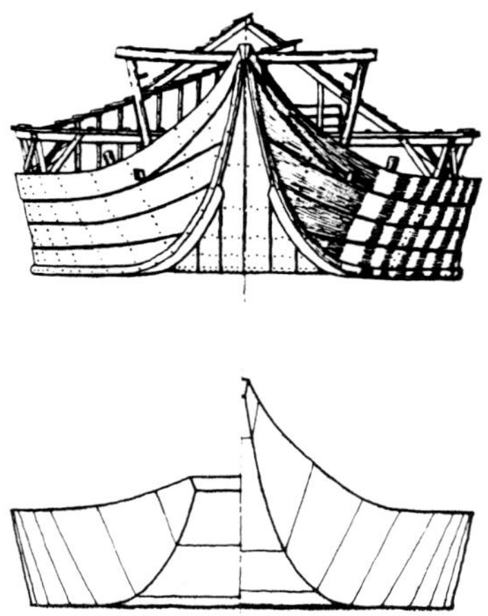

2. Anhangschiff

Im Spitzer Schiffahrtsmuseum kann dieses Modell besichtigt werden

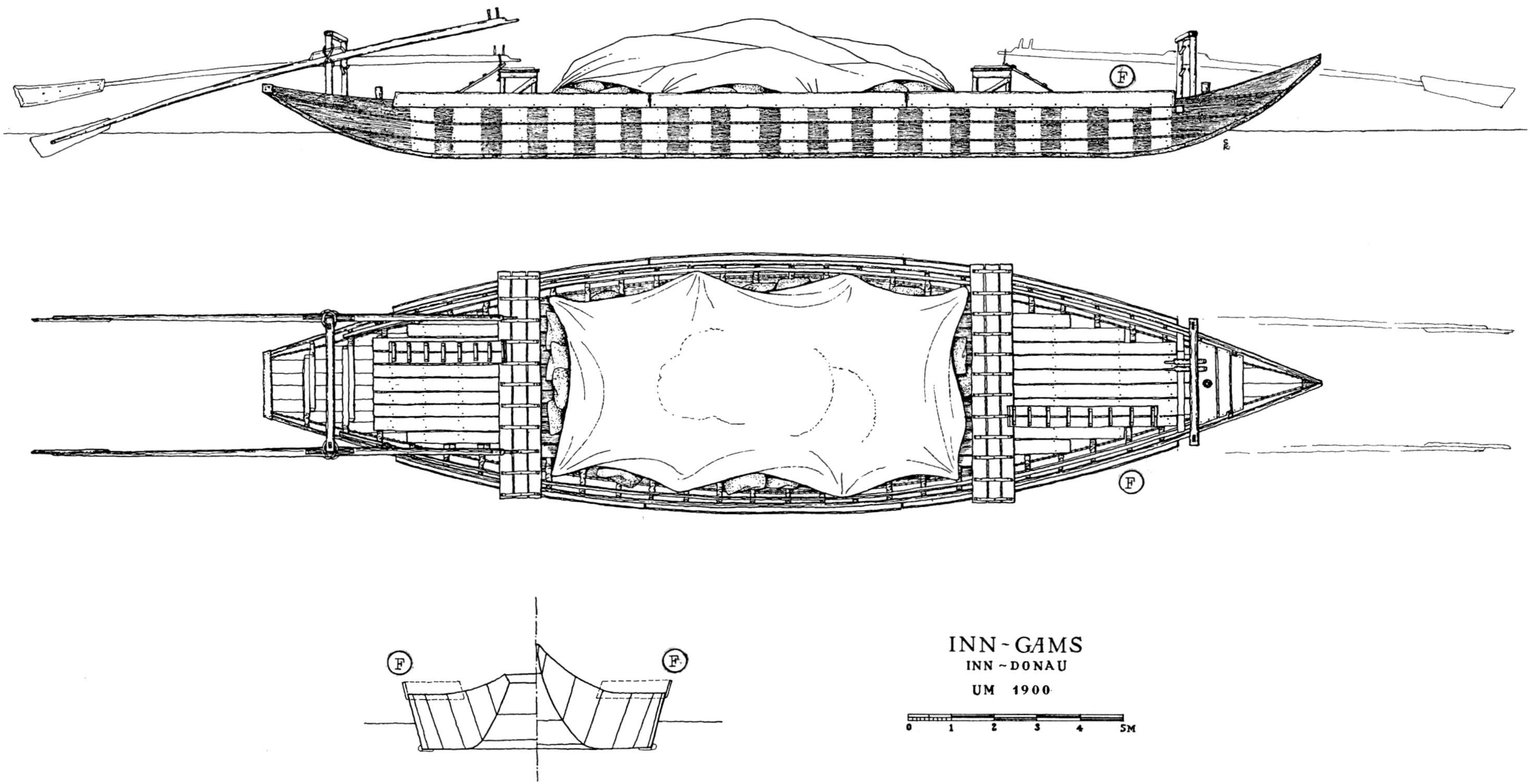

3. Anhangschiff. Ein Modell des Schiffes befindet sich im Schiffahrtsmuseum Spitz/Donau. „Feil-Laden“ F (= abnehmbarer Wellenschutz bei starker Beladung)

Schiffzug bei Klosterneuburg (19. Jahrhundert). Trotz der hervorragenden naturalistischen Malweise dieses Bildes ist das sehr hohe Gransl des letzten Schiffes (ganz links) mit dem eigenartig hohlen „Bugspriet“ doch stark anzuzweifeln

Menschenzug in römischer Zeit. Auch hier ist ein Storz am Schiff, von dem für jeden Mann ein eigenes Zugseil ausgeht

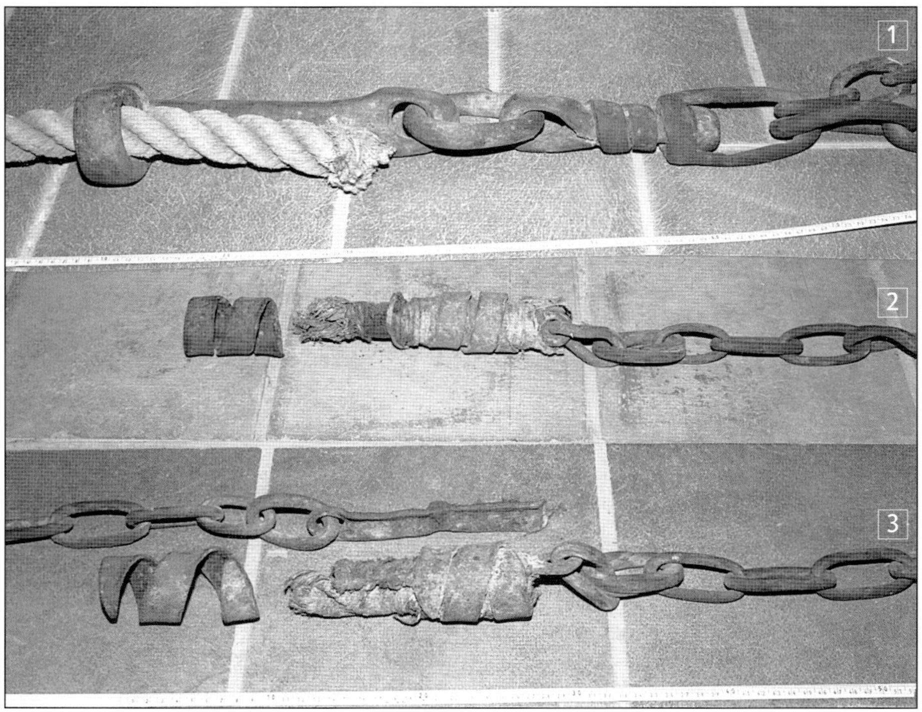

Menschenzug eines Donauschiffes im Mittelalter. Hier ist ein Storz in Form eines verzweigten Baumes dargestellt. Der Mann am Stoir hält ein breites Einsatzruder zur Steuerung. An den Seitenwänden des Schiffes sind die Klampfeln durch Schrägstriche angedeutet

Teile einer Zugkette mit Seilanschlüssen

1. Der Buesen bestand manchmal aus zwei Teilen: dem eigentlichen Zugseil, das frei zu den Schiffen führte, und dem Kettenteil, der über den Treppelweg gezogen wurde. Die Verbindung der beiden erfolgte durch einen Eisenbügel, an dem das Seil durch dichte Schnurwickelung befestigt war, die zum Schutz gegen Abwetzung mit Bandeisenspiralen geschützt war (im Bild ohne Wickelung und Bandeisen).

2. Anschluß eines Sühl-Seiles (= Seil zwischen Pferd und Kette): Rest des Seiles bei diesem Originalstück mit teilweiser Bandeisenspirale erhalten.

3. Verbindung Sühl-Seil und Kette, zerlegt: Das an der Kette angeschmiedete Flacheisenstück ist der Seildicke entsprechend zylinderförmig. Das Sühl-Seil-Ende wird nun in das konkave Flacheisen eingelegt und mit dichter Schnurwickelung daran befestigt. Die an der konvexen Seite angeschmiedeten Querrippen verhindern das Abrutschen der Wickelung bei Zug. Zum Schutz gegen Abwetzen wird die ganze Schnürung noch mit bandweisen Spiralen überwickelt, ebenso wie bei den anderen Verbindungsstellen

Der Vorreiter des Pferdezuges. Alle vier Pferde haben originale Zuggeschirre und Holzsättel, die für die Reiter sicher nicht sehr bequem waren

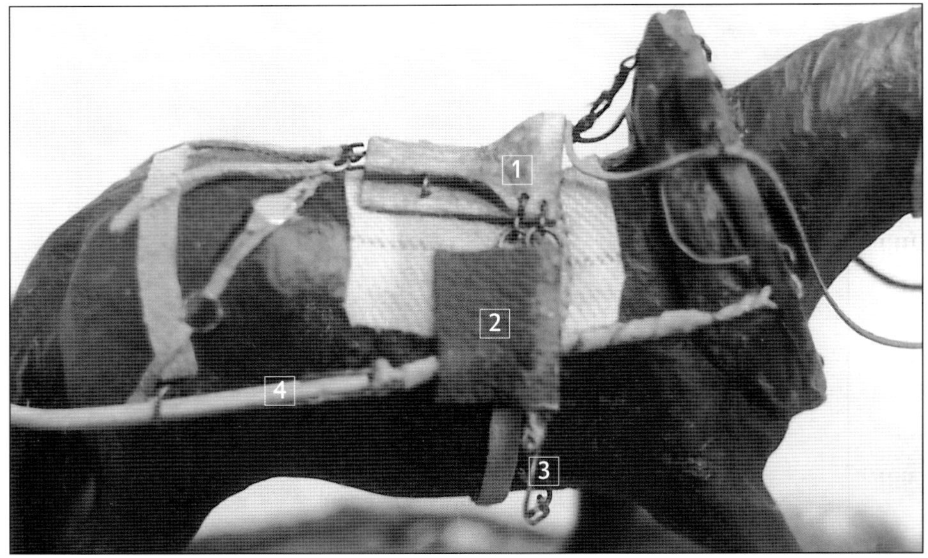

1. Holzsattel
2. Schutzleder
3. Steigbügel
4. Sühlbogen

Schiffahrtsmuseum Spitz/Donau
Zum Vergleich zu den Pferdemodellen in Originalgröße ist im Hintergrund der gesamte Schiffzug mit 60 Pferden, drei Anhangschiffen, drei Furkelzillen und Beibooten im Maßstab 1:20 zu sehen

Eine Furkelzille als Roßplätte verwendet, zum Rücktransport der Pferde nauwärts. Schiffahrtsmuseum Spitz/Donau

Pferdezugmodell im Museum Spitz/Donau. Modellpferde 1:20 von Franz Tretzmüller, Pressbaum

Darstellung eines kleinen Schiffzuges mit nur zwei Anhangschiffen (normal drei plus Furkelzillen). Der Buesen (= Zugseil) wird hier frei geführt. Meist wird er von ein bis drei Furkelzillen getragen, damit er nicht ins Wasser taucht. Einige Leute (= Aufleger) sind immer beschäftigt, das Zugseil über Hindernisse zu leiten. Die Pferde gehen paarweise, wobei jedes zweite Paar von einem Reiter gelenkt wird. Das weiße Pferd (am Anfang der Pferdegruppe) zeigt, daß die Pferde in Richtung des Seilzuges, also schräg, gehen müssen. Der Vorreiter mit dem langen Stock prüft bei Furten die Wassertiefe

Schiffe, die von Wien nauwärts nach Ofen kamen. Rechts im Bild ein ungarisches Getreideschiff (Bögö-Hajo), am Zugseil. Es könnten also auch solche Schiffe nach Wien gekommen sein.
An beiden Ufern liegen typische „Oberländer Schiffe“ (Kehlheimer, Gamsen, Plätten etc.), die offenbar auf den Verkauf und Ladung zur weiteren Naufahrt warten. Das rechts dargestellte ungarische Frachtschiff wird über einen Storz (= Mast) von einigen Pferden gezogen. Es ist deutlich zu sehen, daß der Buesen auf diese Weise über Hindernisse hinweggleitet. Beide Stadtteile waren durch eine Schiffbrücke verbunden. In der Nähe des dort gezeichneten Dampfers befindet sich heute die Anlegestelle für Passagierschiffe unterhalb der Elisabeth-Brücke (Ansicht von Pest und Buda. Weissenberg, Mitte 19. Jahrhundert)

2. Gegenstromprojekte des 18. Jahrhunderts

Um die Mitte des 18. Jahrhunderts setzte eine verstärkte Tätigkeit verschiedener Erfinder ein, die sich mit dem Problem der Schiffahrt gegen den Strom ohne Tier- oder Menschenkräfte befaßte. 1766 hatte Maria Theresia einen Preis von 1000 fl. für eine derartige Erfindung ausgesetzt. Das Hofkammerarchiv Wien besitzt eine Reihe solcher Entwürfe, die in einem Akt vom 21. November 1766 zusammengefaßt sind:

„Allerunterthänigste Anmerkung über den Vortrag Jacobi Josephi Baronis Huber (i) von Maur wegen einer neu einzurichtenden Schiff-Fahrt wieder den Lauf der Strömen.“

Freiherr J. Huber aus Maur in Tirol bat um die Erlaubnis, mit der von ihm erfundenen Wassermaschine einen Versuch auf dem Strom machen zu dürfen. Ein beiliegendes Protokoll und Gutachten einer Hofkommission unter Professor Math. Josepho Franz besagt: „Die Maschine des Baron Huber habe gegenüber anderen dergleichen bekannten Maschinen [1740 Maschine von Baron Seebacher – Anm.] viele Vorzüglichkeiten, jedoch in der Ausführung große Schwürigkeiten bestehen, und die Sache daher auf sich liegengeblieben, indem derselbe daraufhin durch etliche Jahre stockblind und daher außerstande war, seinem Antrag weiter nachzugehen.“

Das Schiff sollte an seinem Vorderteil ein „Mühlrad“ als Antrieb erhalten. Schiff und Seile sollten zur Verfügung gestellt werden, die Maschine wollte der Baron selbst beistellen. Huber war damals 80 Jahre alt und fürchtete, daß mit seinem Tod das Wissen um die Erfindung verloren gehen könnte.

Des weiteren soll noch kurz ein Schreiben von Ingenieur Johann Vötter vom 8. April 1768 an Maria Theresia erwähnt werden, in dem er seine Erfindung vorstellt: „Ein Schiff, das ohne Pferdeantrieb gegen den Strom fährt. Je stärker der Strom ist, desto stärker geht auch das Schiff dagegen an.“ Die Beschreibung, zu der leider die Abbildungen fehlen, besagt nur: „... dieses Schiff ist doppelt und ‚gebrücknet‘ (? zwei Rümpfe mit Brücke Verbunden), wie es das Modell zeigt, man kann es 3600 Ctn laden und aufwärts führen. Der Bau kostet 700 fl. und es sind nur 4 Arbeitsleuthe nötig. Die Geschwindigkeit ist zwar nicht größer, als ein Schiff, das mit Pferden gezogen wird, aber die Zeit in der die Pferde gefüttert werden müssen, entfällt hier, da das Schiff ständig fährt, ...“

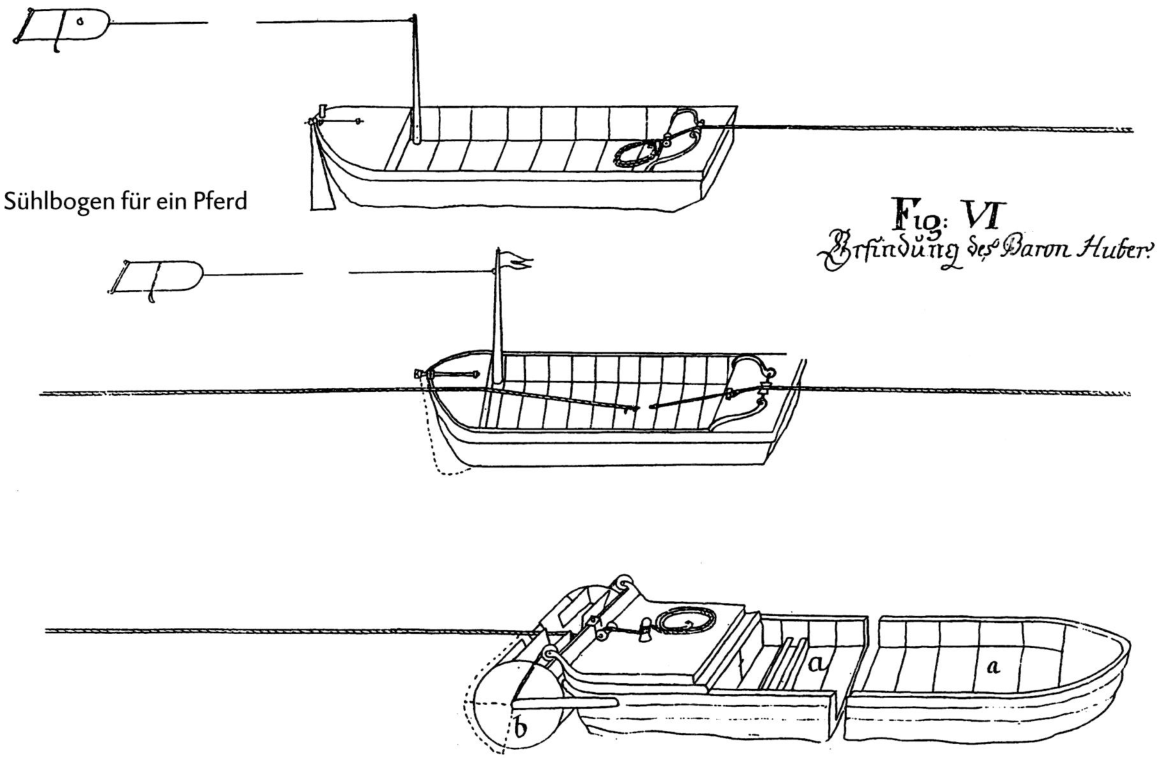

Figur VI. Erfindung des Baron Huber aus Tirol. Zwei „Flügel“ oder „Mühlräder“ am Vorderteil des Maschinen- und Lastschiffes werden durch die Strömung angetrieben und haspeln ein Seil auf, das an einem Vorläuferschiff befestigt ist. Ist das Lastschiff an das Vorläuferschiff herangekommen, so wird es an das Seil des weiter stromaufwärts befindlichen zweiten Vorläuferschiffes gehängt. Das freigewordene Vorläuferschiff wird mit einem Pferd weiter stromaufwärts gebracht. Dieser Vorgang wiederholt sich abwechselnd

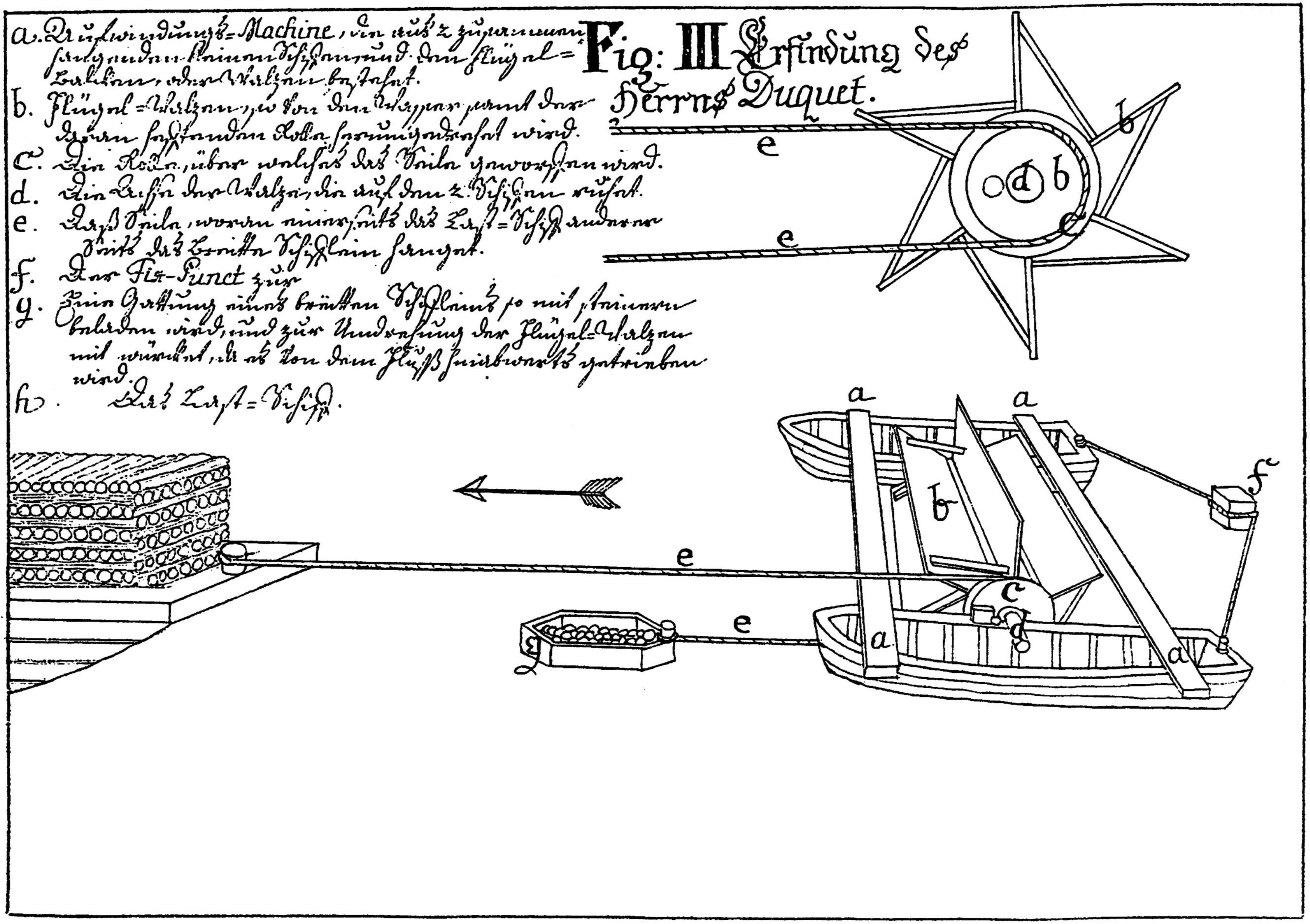

Figur III: Erfindung von Duquet. Das Lastschiff wird an einem Seil stromaufgezogen, das über eine von der Strömung angetriebene „Flügelwalze“ läuft. Das freiwerdende Ende wird durch ein steinbeschwertes „breites Schifflein“ stromab gezogen. Was geschieht, wenn das Lastschiff bei der „Aufwindungsmaschine“ angelangt ist, verschweigt der Erfinder

3. Gegenstromprojekte des 19. Jahrhunderts

In der zweiten Dekade des 19. Jahrhunderts dürfte man sich wieder intensiver mit Gegenstromprojekten auseinandergesetzt haben. So erfolgte am 7. Juli 1813 die Wiederholung einer Bekanntmachung, die demjenigen ein Privileg zusicherte, der ohne Zugvieh eine Bergfahrt machen könne. Im Archiv der Technischen Universität Wien befinden sich einige solcher Entwürfe, die wegen ihrer Skurrilität nachstehend gebracht werden.

1817 findet sich in der Zeitung „Österreichischer Beobachter“ auf Seite 1666 folgender Hinweis: „Inländische Nachrichten: S.K.K.M. haben Herrn Anton Löbersorger auf seine Erfindung ohne thierische oder Feuerkräfte aufwärts zu fahren, ein Privileg auf 10 Jahre erteilt.“

Die Schwierigkeit, mit den damaligen technischen Mitteln das Problem der Gegenstrom-Schifffahrt befriedigend lösen zu können, zeigt sich auch darin, daß die Kundgebung von 1813 abermals wiederholt werden mußte.

Der zeitgenössische Text soll auszugsweise wiedergegeben werden:

„Nachdem die unter den 7. Juli 1813 in Gemäßheit einer allerhöchsten Entschließung erlassene Bekanntmachung, daß demjenigen, welcher eine Erfindung Kraft welcher ein befrachtetes Schiff ohne Anwendung von Zugvieh stromaufwärts geschafft werden könne, anzeigen und die Ausführung practisch darzustellen wäre, bis jetzt ohne Erfolg geblieben ist, ...“ wird ein Privileg auf zehn Jahre erteilt. Dem Hinweis, „... in anderen Ländern würden schon Dampfböte verwendet ...“,

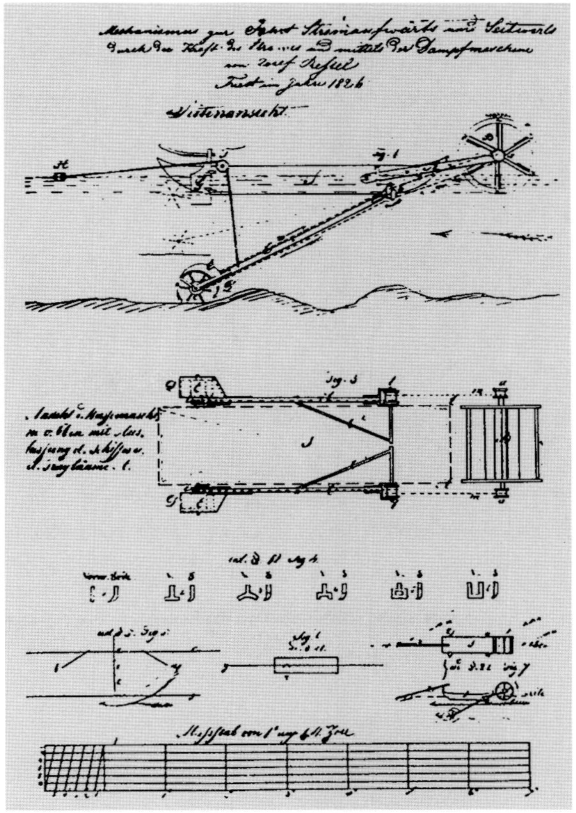

Entwurf für eine Vorrichtung zum Antrieb von Flußschiffen gegen den Strom von Josef Ressel aus dem Jahr 1826: Das durch die Strömung getriebene Schaufelrad überträgt seine Kraft beiderseits durch Transmissionsketten auf zwei Grund-Treibräder. Diese sind am Ende der beiden Hebelarme angebracht, um sich an die Unebenheiten des Flußgrundes anpassen zu können. Diese Vorrichtung kann auch mit Dampfkraft betrieben werden

sei ergänzend hinzugefügt, daß die erste Beschreibung eines Dampfantriebes für Schiffe bereits aus dem letzten Viertel des 17. Jahrhunderts, und zwar aus Frankreich, stammt. Die ersten tatsächlich eingesetzten Flußhandelsdampfer waren: 1807 CLERMONT (R. Fulton) am Hudson, USA, 1812 Henry Bells COMET am Clyde-Fluß in Schottland – das erste Dampfboot in permanentem Einsatz, 1817 FRIEDRICH WILHELM am Rhein, Deutschland und Vorführung eines Dampfschiffes an der Moldau und eines Dampfwagens von Josef Bozek in Prag sowie 1818 CAROLINA (Anton Bernhard) als Versuchs-Dampfer auf der Donau.

Ab 1817, dem Jahre des Baues der CAROLINA im ungarischen Osijek gab es Vorschriften für die Dampfkessel-Prüfung, die jedes Jahr vor der ersten Fahrt nach dem Winter durchgeführt werden mußte.

Doch aus Anton Löbersorgers, eines „Bürg. Groß- u. Klein-Uhrmachermeister[s]“, „Beschreibung und Bezeichnung der mit einem 10jährigen Privilegium betheilten Erfindung der Maschinen mit Schiffen ohne Anwendung thierischer Kräfte gegen den Strom zu fahren“ erkennt man, daß es sich um die undurchführbare Idee eines Uhrmachers handelt, der sich über die Kräfte der Stromschiffahrt keine Vorstellung machte.

Der aus dem mährischen Zlabings stammende Löbersorger schlug vor, in der Längsrichtung des Flusses zwei Seile zu spannen, eines knapp über dem Schiff, an dem sich die Maschine mittels zweier Schaufelräder, die von der Strömung angetrieben werden, hinaufhaspelt. Eine Idee, die im 18. Jahrhundert schon öfters vorgeschlagen wurde und nebenstehend beschrieben wird.

Zusätzlich sollte aber diese „Haspel“ durch ein horizontal rotierendes Windrad angetrieben werden, „fals zu wenig Strom oder zu wenig Wasser vorhanden wäre“. Nötigenfalls sollte oben ein zweites Seil in der Längsrichtung des Flusses gespannt werden, an der ein Zahnradmechanismus über Kegelräder von dem besagten Windrad angetrieben, das Schiff mit Last aufwärts ziehen sollte. Wie man sieht, eine offensichtliche Unmöglichkeit, der Kaiser Franz ein Privileg erteilte. Der Kaiser dürfte überhaupt von der technischen Durchführbarkeit verschiedener Projekte sehr wenig verstanden haben. Als ein Erfinder ihm die Herstellung eines „Perpetuo Mobile“ versprach, bewilligte er die Herstellungskosten. Da aber dieses Gerät bei der Vorführung nicht funktionierte, gab der Kaiser weitere Subvention, damit der Erfinder die Ursache des Mißerfolges erforschen möge.

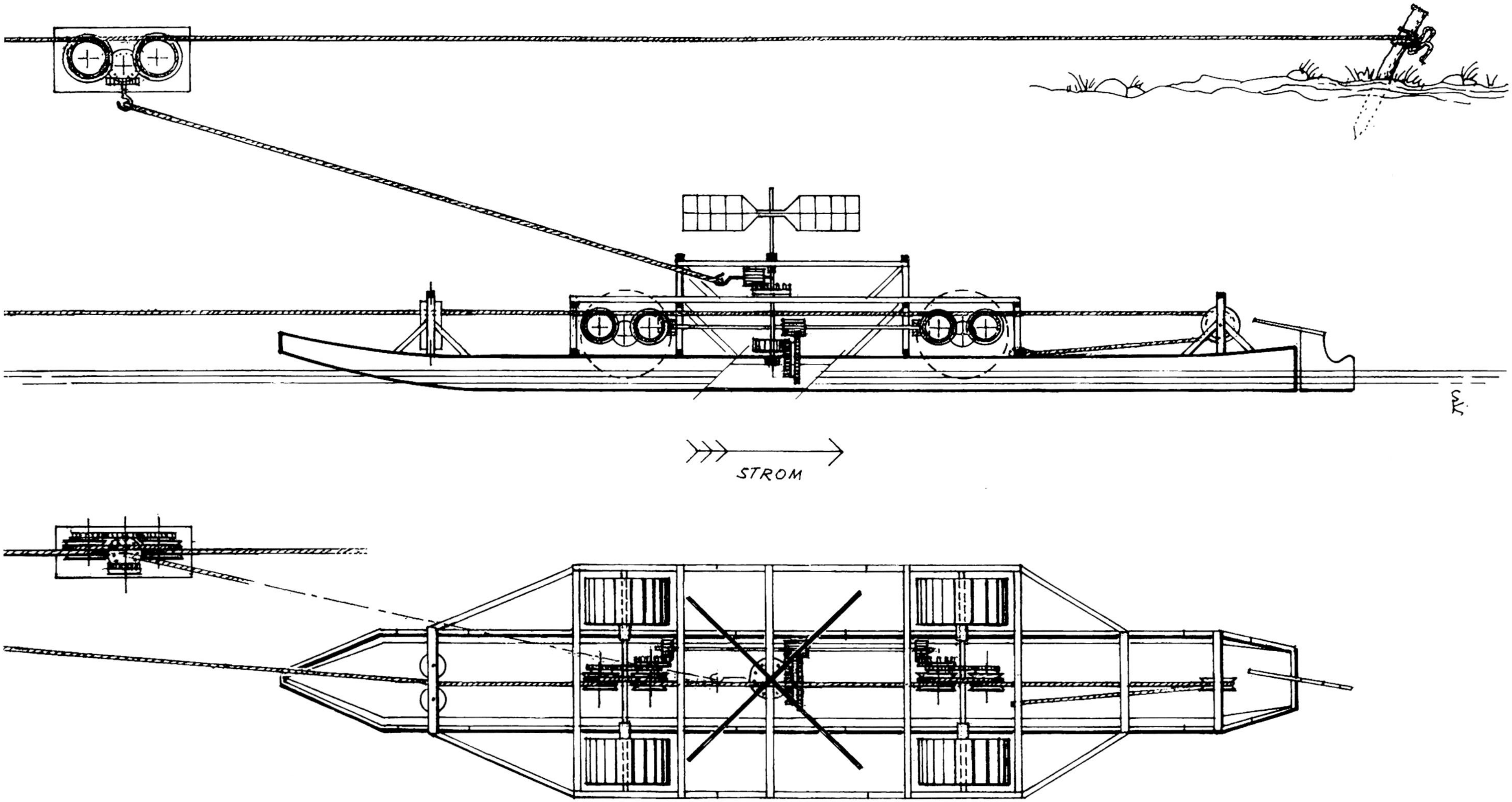

Gegenstrom-Projekt von Anton Löbersorger, 1819

4. Gegenstromfahrt mit Dampfschiffen

Erfolgversprechender ließ sich die Gegenstromfahrt mit Dampfmaschinen, insbesondere mit Anton Bernhards Dampfschiff CAROLINA an.

Am 26. April 1817 meldete die Zeitung „Österreichischer Beobachter" auf Seite 604: „Am 21. v. M. [März – Anm.] ist in Gegenwart mehrerer Personen der erste Versuch [erster Landversuch – Anm.] mit der von Herrn A. Bernhard & Comp. aus Fünfkirchen erbauten Kreis-Dampfmaschine, der ersten ihrer Art gemacht worden. Die Bewegung des Circular-Cylinders erfolgte sehr schnell, kraftvoll und gleichförmig. Der Cylinder war bei einer auf Sicherheitsventil angezeigten Spannung von 20 pf. auf 1 Quadratzoll vollkommen dampfhaltig."

Anton Bernhard wohnte in Fünfkirchen (heute Pécs, Ungarn), wo auch die beiden Landproben seiner Dampfmaschine stattfanden. Er hatte in Esseg (Osijek) die Brückenmaut über die Drau gepachtet, wo auch die CAROLINA gebaut wurde.

Am 2. Mai 1817 fand die erste Kommissionsfahrt mit der CAROLINA im Bereich Wien statt, wobei die „sinnreichen Wasserräder mit beweglichen Parallelschaufeln" Beachtung fanden.

Fünf Monate später, am 10. Oktober, erfolgte eine Begutachtung durch Direktor Prechtl vom Polytechnischen Institut und Professor Arzberger, wobei der Gußeisenkessel und das Schiff als zweckmäßig und stark befunden worden waren.

Am 6. November legte man Grundsätze für die Sicherheitsvorschriften (Dampfkesselverordnung) fest, da im Ausland Unglücksfälle vorgekommen waren.

Auf Grund von Zeichnungen oder Modellen konnten Bewerber Privilegien erhalten. Da sich mehrere Personen um so ein Privileg bewarben, wurde gemäß Hofdekret vom 13. April 1818 jedem ein Privileg auf 15 Jahre zugesichert, der innerhalb der Grenzen der Monarchie bis Ende Oktober 1818 eine Probefahrt durchführen würde.

Für dieses Jahr berichtete der „Österreichischer Beobachter" auf Seite 1216 unter inländischen Nachrichten:

„Am 21. 7. d. J. wurde in Gegenwart einer Sachverständigen-Commission ein Versuch mit dem von Anton Bernhard und Comp. erbauten Dampfschiff stromaufwärts zu fahren, vorgenommen.

Nachdem sich die Commission überzeugt hatte, daß die im Circulare v. 22.11.1817 gesetzl. vorgeschriebenen Sicherheitsmaßregeln erfüllt seien, und keine Gefahr obwalte, fuhr dasselbe mit einer Last von der Brigittenau über Nussdorf hinaus, bis an die sogenannte ‚Fuchseninsel', 30 Klafter pro Minute. In der starken Strömung 8 Schuh pro Sek. bediente sich Herr Bernhard mit Erfolg einer eigens zur Überwindung so heftiger Strömung bestimmter Vorrichtung [Leider ist nichts Näheres darüber angegeben. – Anm.].

Stromab 130 Klafter pro Min. Das Schiff stand gegen den Strom ohne Anker still und nahm jede Richtung des Steuerruders an. Sonntag, der 9. d. M., ähnliche Fahrt, große Menschenmenge, diesmal mit einem 40 Klafter Holz (800 C.) beladenen Lastschiff angehängt, ungeachtet dessen, ging das Schiff stromauf.

Nachdem das Holzschiff abgebunden war, bestiegen seine königl. Hoheit, der Erzherzog Maximilian begleitet von seiner Exzellenz dem Präsidenten der k.k. N.Ö. Landesregierung, Freih. Reichmann von Hochkirchen, und mehrere hohe Standespersonen, das Dampfschiff und fuhr eine zeitlang auf und ab. Auch dieser Versuch brachte den gewünschten Erfolg. Es lohnte sich, alle Schwierigkeiten zu überwinden und sich durch anfangs nicht gute Versuche irre machen zu lassen, für ein Gelingen der Dampfschiffahrt auf der Donau."

Von 16. bis 26. September 1818 fanden die im Zirkular geforderten Probefahrten in Ungarn statt. Der „Österreichischer Beobachter" berichtete darüber:

„Das erste Dampf-Vorspannschiff von Herrn Anton Bernhard, so genannt, weil es nur ein Zugschiff und selbst kein Lastschiff ist ..."

Die Fahrtdauer von Wien bis Komorn wurde mit sieben Stunden angegeben, die Entfernung Wien–Komorn mit „15 teutsche Meilen", als Fahrgeschwindigkeit ca. 1 $^1/_2$ Fuß pro Sec. (= 17 km/h).

Die Ursache, warum das Schiff nur 1 $^1/_2$ Fuß statt 3 Fuß pro Sec. fuhr, wie in den öffentlichen Blättern in Wien bekanntgegeben wurde, lag in

Versuchsschiff CAROLINA, 1818 (Dr. Marjai Imre rajza)

stärkeren „Wassergüssen“ (= Strömung) während der Fahrt und in der Verwendung von Pech-Kohlen statt Dotiser Schieferkohle begründet, die zuviel Ruß entwickelten. Der Tiefgang des Schiffes betrug vier Fuß.

Wenige Tage später, am 6. Oktober, unternahm der Konkurrent Bernhards, der Franzose Chevalier Meras de St. Leon, von Pest aus mit 922 q Nutzlast eine kommissionelle Probefahrt und erhielt am 31. Dezember 1818 ein Privileg auf 15 Jahre.

Im März 1819 gründete Bernhard eine Dampfschiffahrts-AG in Wien und begann mit dem Bau eines großen Nutz-Dampfschiffes. Sein Privileg wurde jedoch 1828 wegen Nichtausübung eingezogen.

Meras gab sein Privileg 1819 weiter. Erst am 2. Februar 1823 schritt man an die Gründung der allerersten Donaudampfschiffahrtsgesellschaft.

5. Hölzerne Donauschiffe für militärische Zwecke im 19. Jahrhundert

Der Schiffstransport war nicht nur zur Versorgung der Märkte wichtig, sondern auch zum Nachschub für die Armee in Kriegszeiten. Daher waren Schiffsleute vom Wehrdienst befreit. So hatte z.B. Matthias Feldmüller 1809 vor der Besetzung Wiens durch die Franzosen das in der Stadt gelagerte Schießpulver unter den brennenden Holzbrücken des Donaukanals auf seinen Schiffen zur Armee Erzherzog Carls ins Marchfeld gebracht und war dafür von Kaiser Franz I. ausgezeichnet worden.

Zur Sicherung der Gegenzugtransporte gab es Verordnungen zur Erhaltung des Hufschlages (Treppelweg) und zur Beseitigung von Schiffahrtshindernissen.

General Magdeburg, Sohn des ersten Kommandanten der Fregatte THERESIA von 1768, ließ Brandflöße von Klosterneuburg stromabwärts treiben und verhinderte somit den Übergang Napoleons über die Donau, was mit Sicherheit zum Sieg bei Aspern beitrug

Erzherzog Carl-Denkmal, Wien I., von A. Fernkorn

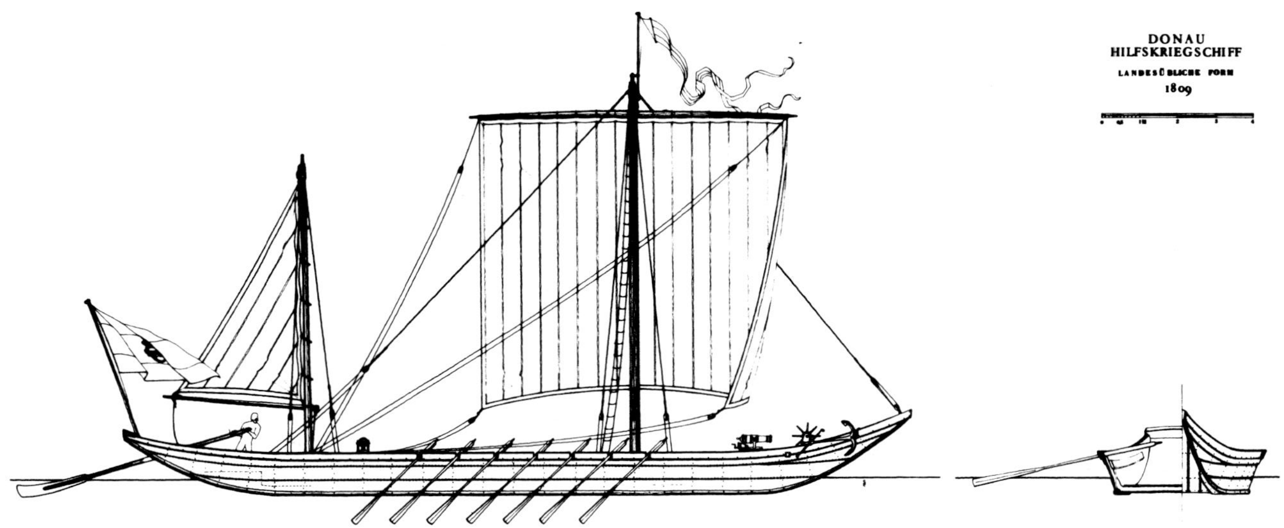

1914 wurden in Klosterneuburg Waidzillen für den militärischen Gebrauch nach genormten Plänen serienmäßig gebaut (siehe folgende Seite). Ähnliches scheint es aber auch schon früher gegeben zu haben, wie das Bild eines Bootstransportes um 1809 vor Klosterneuburg zeigt

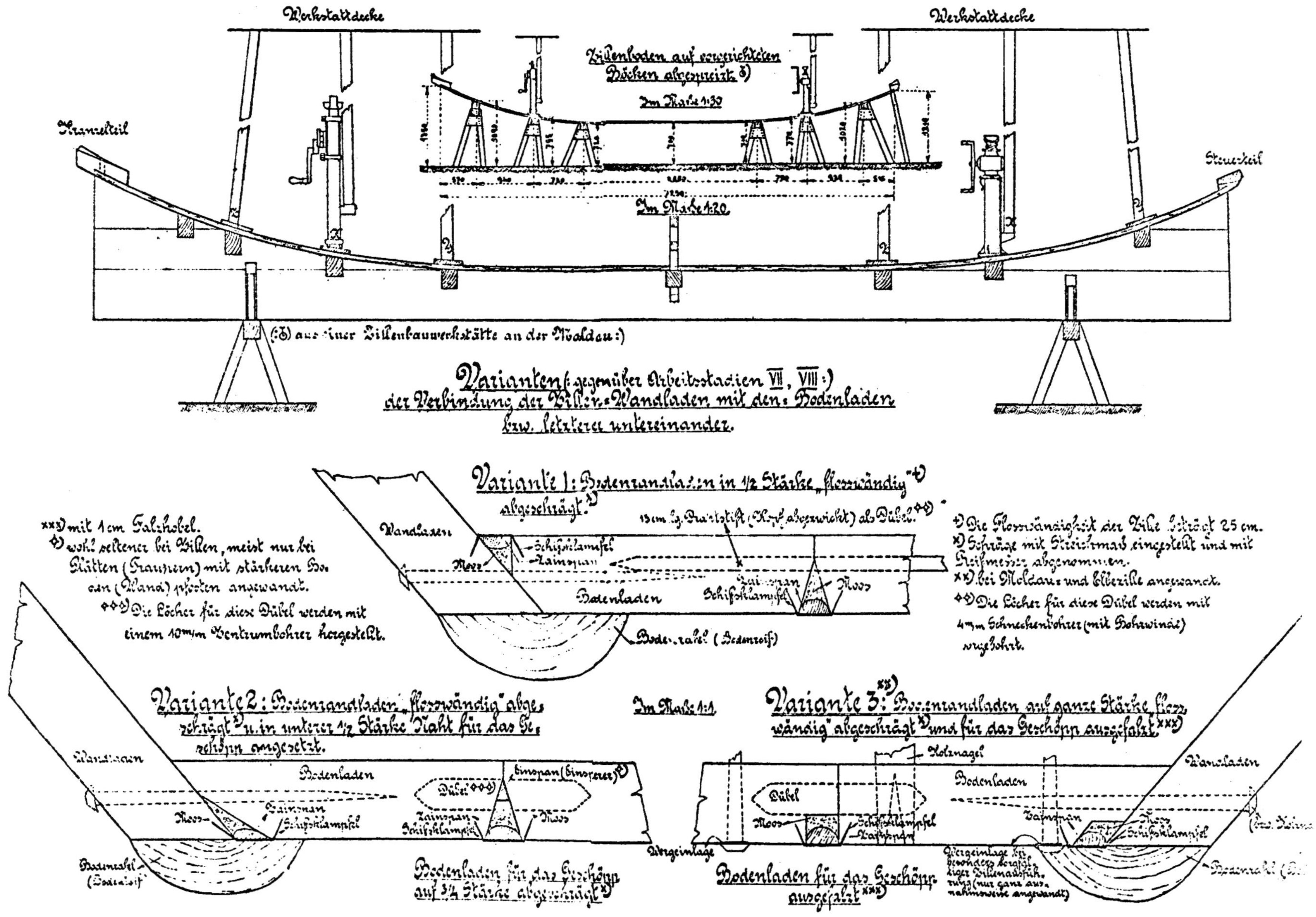

Einer der Pläne für den militärischen Zillenbau, 1914

6. Kuriosa um 1820

IV „Ladorinischer Scafandro“ oder „Schwimmkleid“, ein kurioses Projekt zum Überqueren von Flüssen; eine Art Einmann-Schlauchboot, dessen Boden in Form einer Hose ausgebildet ist, worin ein Soldat, mit voller Ausrüstung auf einem „Kielstab“ reitend, über Wasser paddeln sollte.

a.) Beinkleid [Material möglicherweise wie unter VI1 – Anm.]
b.) Vorfuß oder Überschuh
c.) Zwickel vorn und hinten
d.) Kiel oder Cylinderstaab
e.) Beydseitige Wurst oder Unterwandladen
f.) detto: Oberwandladen
g.) Röhren von Zinn mit Schrauben (zum Aufblasen)
h.) Schlauchansatz mit Gewinde, in welches die Röhren eingeschraubt.
i.) Kleine Ruder
k.) Anhängeband des Schwimmkleides.

V Tauch-Anzug: naives Projekt, nicht funktionsfähig

1. Waszer Kleydt (Wasser-Kleid) aus gewissem Tuch oder geöltem Leder,
2/3. fest um den Leib und Arme gegürtet
4/5. die Augen von einem gewissen Glas, wodurch man alles klar sehen kann.
6. Aus Naaßen [Nase – Anm.] und Mundt [Mund – Anm.] gehet ein apartes [geteiltes – Anm.] Luftröhr, welches Bey [bei – Anm.] 7
7. zusammenkommet in ein Röhr wie Bey 8
8. zu sehen, welches sich nach deß Waßers Tiefen strecket und einen Mann im geringsten Nichts Incommodirt [behindert].
9. Ist dießes, welches allezeit auf dem Waßer verbleibet und alle Luft dadurch capriret [vom lateinischen capere = einfangen, sammeln].

Alles zusammen ist so Compentios [kompakt – Anm.], daß Mann [man – Anm.] Es Bey sich tragen kann.

Der Text wurde in Wortlaut und Schreibweise den zeitgenössischen Unterlagen entnommen

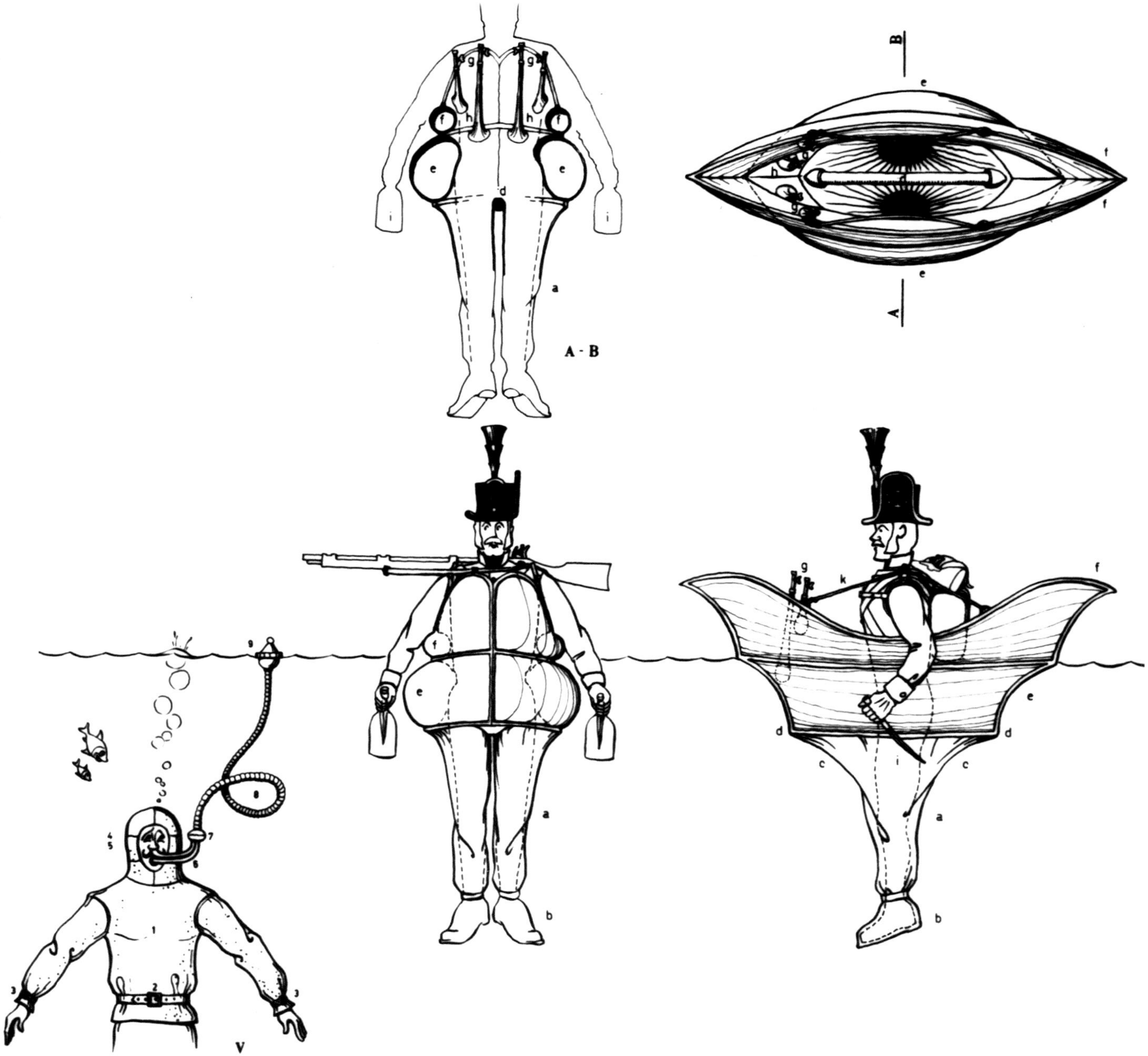

IV. Das Ende der Schiffahrt auf der Donau mit hölzernen Schiffen

Neben der Entwicklung der Dampfschiffahrt, die nach den erst zaghaften Anfängen mächtig eingesetzt hatte, wurde Schiffahrt auf der Donau in Wien während des gesamten 19. und über weite Strecken des 20. Jahrhunderts auch noch mit hölzernen Fahrzeugen betrieben. Dennoch muß festgehalten werden, daß die Tendenz fiel, immer häufiger dem Verfall preisgegebene Donauschiffe aus Holz an den Ufern des Stroms zu finden waren. Schließlich wurde der Anblick von flußabwärts nach Wien kommenden Flößen, Zillen immer seltener, bis er dann völlig verschwand.

Abschließend soll – ohne Anspruch auf Vollständigkeit und weitestgehend punktuell diese Entwicklung angedeutet werden. Ergänzend wird auch noch der Aspekt der Schiffmühlen an der Donau ebenso gestreift wie die wenigen Kunstdenkmäler im Stadtbild von Wien, die mit der Schiffahrt im allgemeinen und jener an der Donau im besonderen zusammenhängen.

Eine schwierige Passage für Schiffer und Flößer: die Teufelsmauer am niederösterreichischen Lauf der Donau

Flöße kamen von Bayern und Oberösterreich nach Wien und brachten Bau- und Brennholz. Aber auch der Transport von Salz und Eisen war auf der Donau und ihren Nebenflüssen üblich. Erst durch den Bau der Eisenbahnen wurde die Flößerei so weit zurückgedrängt, daß sie ihre ursprüngliche Bedeutung verlor und später zur Gänze aufgegeben wurde. Das Modell des Schiffes befindet sich im Schiffmeisterhaus Prankl, Spitz/Donau

Sehr naturalistische Darstellung einer Hütte am Schiff von J. Alt um 1826 vor Nußdorf. Die überlappenden Bretter der Dachdeckung sind an ihren Stoßstellen mit Läden senkrecht zum First abgedeckt. Die seitliche schräge Abdeckung zwischen Hüttenwand und Schiffswand ist hier gut erkennbar. Die freien Enden der Kipfhörndl an der Oberkante der Schiffswand sind jedoch nicht allgemein gewesen

Die Darstellung stark beschädigter Schiffe nach der großen Überschwemmung im Prater vom 25. Jänner 1849 läßt einige Details des Daches erkennen

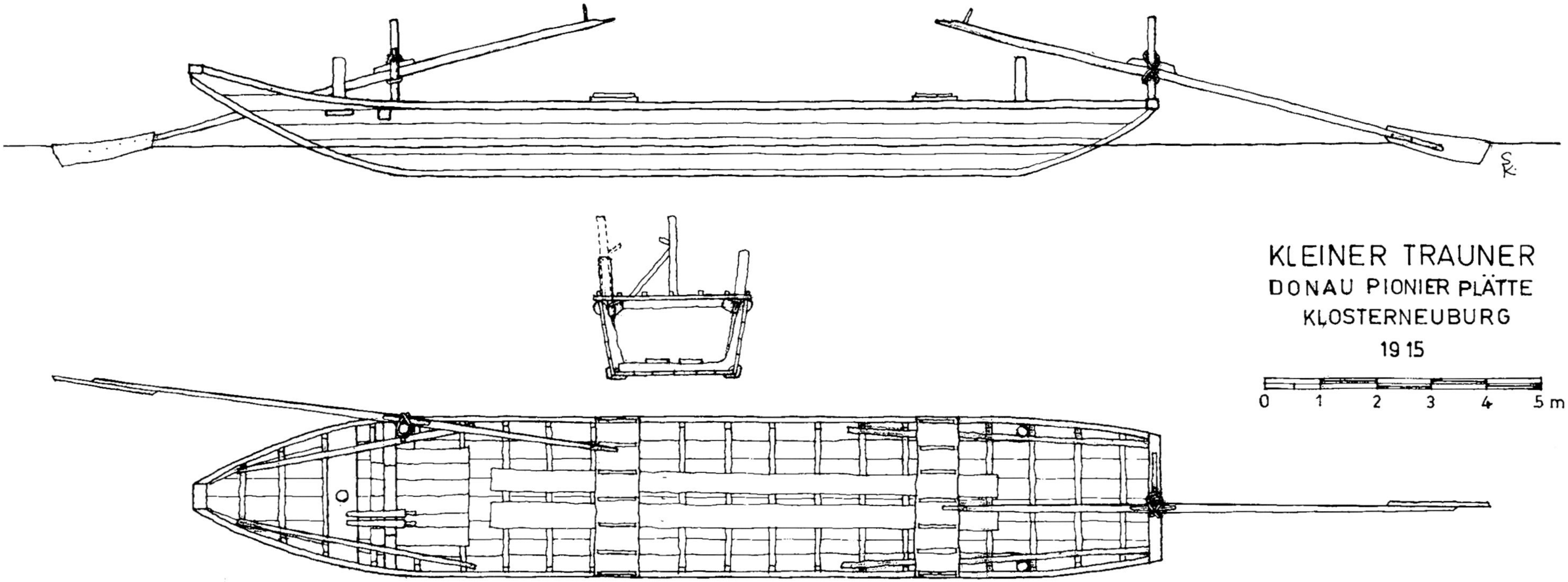

Bei diesem einfachen Schiff ist der Dreieck-Zwickel, der sogenannte Granslschifter, auf dem Rohrladen aufgesetzt und nicht darunter. Das Vorhandensein der kompletten Schwing-Einrichtung mit Stiefelbruck und Spalen weist darauf hin, daß dieses Schiff auch für den Gegenzug für militärische Zwecke verwendet wurde

Hütten, die als Lagerräume auf alten Schiffen aufgebaut waren, die nicht mehr zu Fahrzwecken verwendet wurden. Dies beweist die Art der Verheftung durch vier Scherbäume vom First zum Land (Aufnahme um ca. 1900, Wien, Donaukanal)

Die Reste eines alten Strombades erinnern den Autor an die Zeit, in der ihn sein Vater zum Schwimmen in den Donaukanal mitnahm. Es war ein grün gestrichener, an der Kaimauer verhefteter, schwimmender Ponton. Innen war ein überdachtes, düsteres, von Umkleidekabinen umgebenes Becken, durch welches das graue Kanalwasser strömte, was kein besonderes Badevergnügen aufkommen ließ

Andere „Wohnverhältnisse“ auf Schiffen: Seit ca. 1897 befand sich auf der „Schlögelwiese“ an der Brigittenauerlände ein Abstellplatz für ausgediente Schiffe. Dieser Platz wurde in weiterer Folge von Obdachlosen aufgesucht, die dort ihr Notquartier bezogen. Im Hintergrund die alte Eisfabrik, die noch bis ca. 1965 bestand (heute Ecke Klosterneuburger Straße-Leipziger Straße, Neubau des Hallenbades der Gemeinde Wien)

Das Schiff als Symbol weltumspannender Macht und Reichtums auf dem Dach des Bankgebäudes (Wien I., Schottenring) steht in krassem Gegensatz zu den an Land abgestellten alten Holzschiffen, die den ärmsten Obdachlosen als Schlafstelle dienten

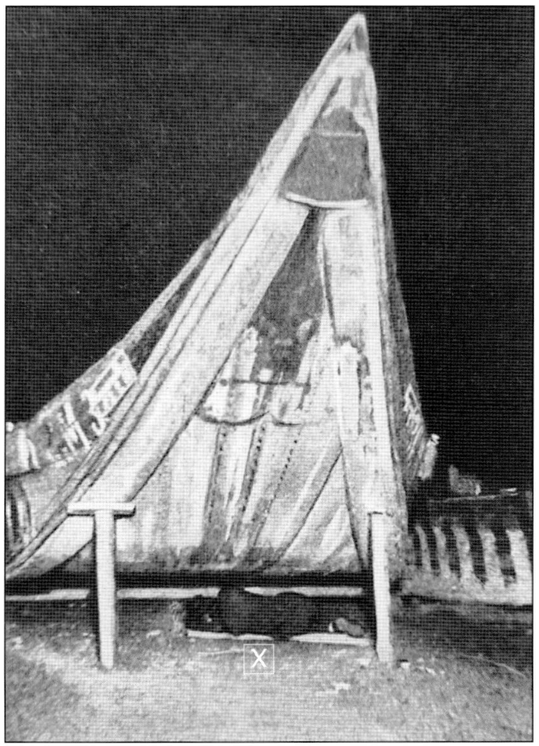

Die Prora eines ausgedienten Holzschiffes zeigt einige bereits beschriebene Details. Auch dieser Platz – ebenso die Zille im rechten Bild – diente als Notquartier (x) Obdachloser

(x) schlafender Obdachloser. Die Bilder stammen aus dem Archiv des Kustos des Brigittenauer Heimatmuseums, Inspektor Heinrich Zwicker

Rettungszille (Wiener Donaukanal, 1973). Die klassische Form der Waidzille hat sich kaum verändert. Das Kipfet ist jedoch aus Kanthölzern mit Eisenwinkeln hergestellt. Die konventionelle Form des Granslkopfes und die Form des Stoirs ist nahezu unverändert

Holzschiffe waren auf der Donau bis gegen Anfang des Zweiten Weltkrieges vereinzelt in Verwendung, wie eine „Siebnerin" im Donaukanal beim Döblinger Steg um 1930 zeigt

Bei Waidzillen des 19. Jahrhunderts wurde oft das Antauchruder über ein Jöchl (= Astknie) geführt

Plätten für den Christbaumverkauf im Wiener Donaukanal. Das Schiff im Vordergrund trägt den Namen und den Heimatort des Besitzers: Ernst Kritsch, Spitz. Kritsch ist um 1932 als Schiffmeister in Spitz nachweisbar. Die Aufnahme muß daher um diese Zeit entstanden sein. Nach der im Bild sichtbaren Wellenbildung an der Plätte, rechts außen, befinden sich die Schiffe am linken Ufer der „Kleinen Donau", wie der Donaukanal in Wien auch genannt wurde. Die Aufnahme könnte von der Friedensbrücke aus gemacht worden sein (Österreichische Nationalbibliothek)

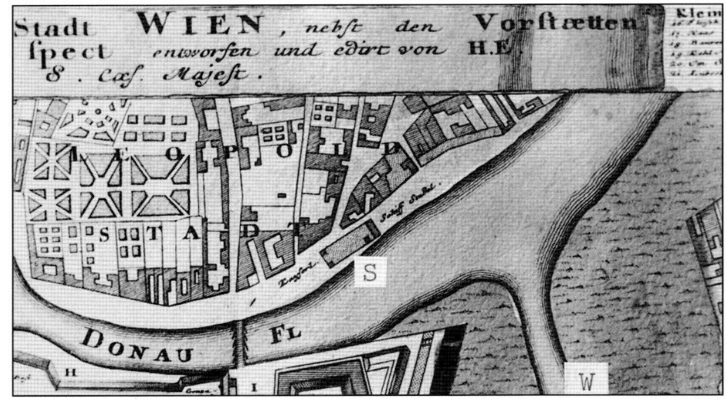

Kaiserlicher Schiffstadl S am Donaukanal 1740 (heute Taborstraße). W: Wienfluß

„Daubel"-Fischer (Wien, linkes Donauufer zwischen Floridsdorfer und Reichsbrücke, 1985). Als Daubel wird nur der Kran mit der Seilwinde und dem Senknetz bezeichnet. Die Schwimmkörper sind heute meist aus Eisenblech, die Daubelkräne und die Netzruten meist aus Stahl. Diese Anlagen werden ausschließlich an der Donau zu Sportzwecken verwendet

„Stock" (= Vordersteven) der Überfuhrplätte MWN 1353. Vor dem überdachten Steuerstand: die Gleitschiene mit Zugkette, deren seitliche Verschiebung in Verbindung mit der entsprechenden Steuerstellung, die das Seitwärtsgleiten des Fahrzeuges über den Strom bewirkt

Eine Stockplätte, gebaut 1961 in Aggsbach/Donau als Überfuhrschiff im Donaukanal Wien oberhalb der Augartenbrücke. „Sturlstock" (= waagrechter Balken am Schiffsende derselben Überfuhrsplätte). Die Schoppungen sind auf beiden Abbildungen gut sichtbar (Aufnahme vom Verfasser aus 1973)

1. Schiffmühlen

Das Bestreben, die Energie des fließenden Wassers zu nutzen, geht weit in die Geschichte zurück und wurde auf vielen geeigneten Orten in aller Welt betrieben. Die Standplätze der Schiffmühlen im Wiener Raum wechselten seit 1715 bis zum Ende ihrer Verwendung um 1875, der Fertigstellung der Stromregulierung, da sich nach großem Hochwasser (1787, 1830, 1862) das Flußsystem stark veränderte.

Da stark gekrümmte Seitenarme länger als gerade Fließstrecken sind, haben diese auch geringeres Gefälle und geringere Fließgeschwindigkeit, was zwangsläufig zur Versandung führt. So mußten die 1715 im Kaiserwasser befindlichen „Kaisermühlen“ 1789 in das „Fahnstangenwasser“ verlegt werden, das dann auch den Namen „Kaiserwasser“ erhielt.

In letzter Zeit sind an der Donau und an der Mur Bemühungen im Gange, funktionstüchtige Schiffmühlen museal aufzustellen, um dieses einst lebenswichtige Gewerbe der Nachwelt zu erhalten.

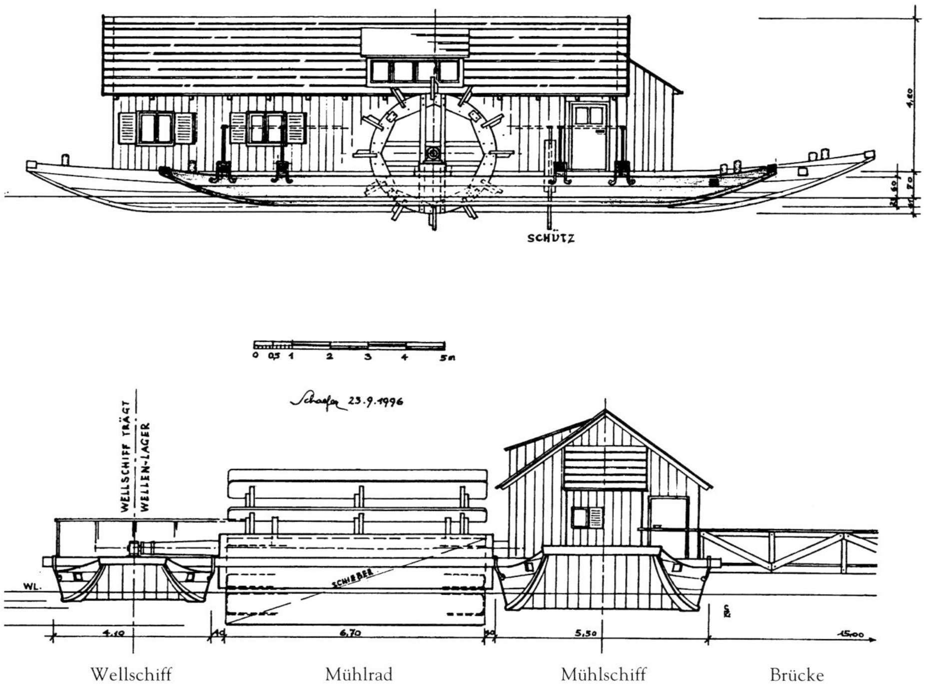

Entwurf für eine Museums-Schiffmühle. Gezeichnet nach zeitgenössischen Unterlagen vom Verfasser.
Oft wurden als Mühl- und Wellschiffe Stockplättchen verwendet, die mit ihrem senkrechten Granslstock das Wasser teilten und Treibgut seitlich ableiteten

Wegen ihrer Geschicklichkeit und Zunftehre sind die wandernden Hamburger Zimmerleute gern gesehene Helfer, wenn schwierige Holzarbeiten zu verrichten sind, wie hier bei der Schiffmühle. Bei ihrer traditionellen Tracht waren, neben den extrem breiten Hosenbeinen, die Kopfbedeckungen bemerkenswert, die vom Zylinder mit fingerbreiter Krempe bis zum Schlapphut in der Größe eines Regenschirmes gingen! Der geschnitzte Stock heißt „Stenz“, ist also phonetisch ähnlich mit „Storz“, dem Mast auf historischen Donauschiffen.

Die fertige Schiffmühle des Martin Zöberl in Orth/Donau

Schiffmühlen im Prater, 19. Jahrhundert (Gustav Reinhold, um 1830, Aquarell mit Deckfarben)

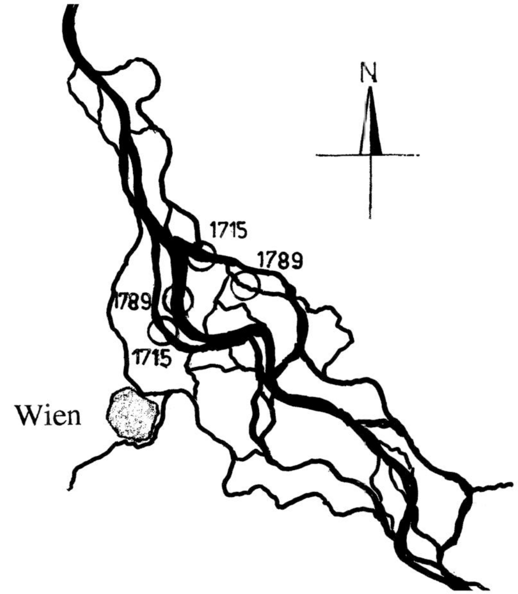

Schiffmühlenstandplätze im 18. Jahrhundert

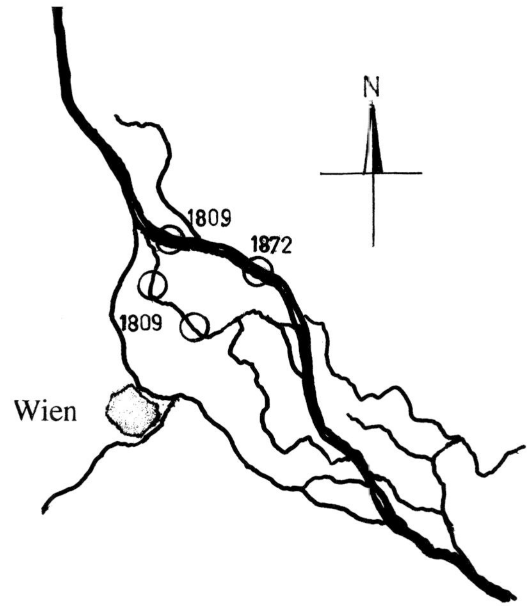

Schiffmühlenstandplätze im 19. Jahrhundert

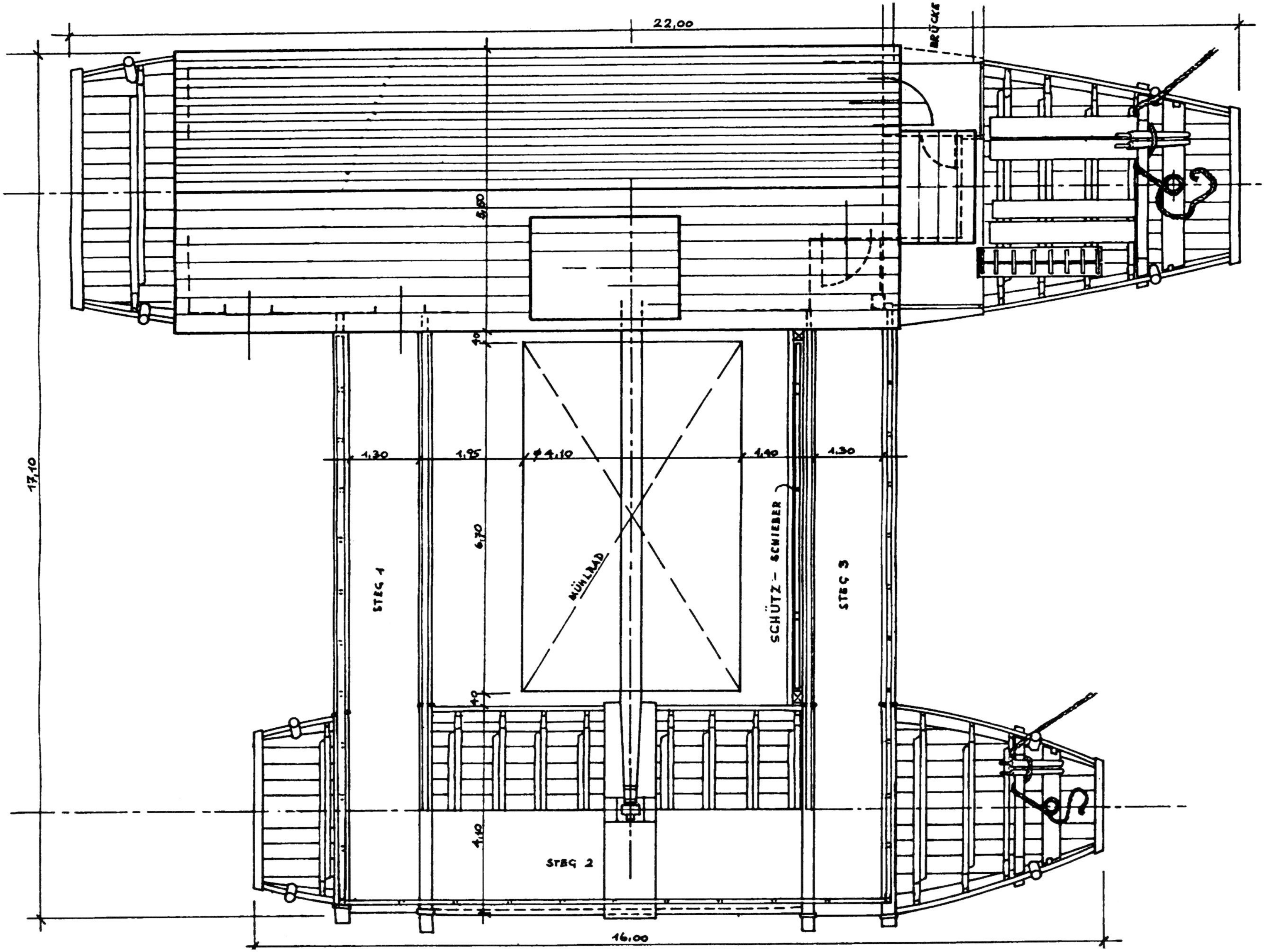

Rekonstruktionszeichnung einer Schiffmühle

2. Wien, Donau und Kunst

Wenig an die Schiffahrt Erinnerndes findet sich in der österreichischen Hauptstadt, das sich künstlerisch in das Weichbild der Gebäude oder an den Ufern der Donau selbst einschmiegt. Bei der Auswahl wurde denn auch auf maritime Denkmäler wie das rechts abgebildete Tegetthoff-Denkmal und dessen Vorbild zurückgegriffen.

Die antike Colona rostrale (= Säule der Schiffschnäbel) wurde zur Verherrlichung eines Sieges über die Flotte Karthagos von Cajus Duilius in Rom aufgestellt und ist heute noch gut erhalten. Davor die Steinskulptur eines Schiffes mit der Ramme in Form eines Eberkopfes

Das bekannte Tegetthoff-Denkmal am Wiener Praterstern ist dem antiken Vorbild in Rom nachempfunden. Die Schiffsvorderteile sind hier jedoch mit der geflügelten Siegesgöttin Nike geschmückt

Die Donau in allegorischer Darstellung. Die Reliefs über den Torbögen des Döblinger Steges (Wien, Donaukanal) dürften von den vielen allegorischen Darstellungen der Donau wohl zu den weniger bekannten gehören. Sie stellen offenbar den Gott Danuvius dar, der von zwei Wassernixen flankiert wird, umrahmt von stilisierten Wasserpflanzen und Ranken. Sie bilden den Schlußstein der Torbögen. Die Aufnahme (1973) zeigt das nordöstliche Relief, das besser erhalten ist als das gegenüberliegende. Der Döblinger Steg wurde 1910–1911 errichtet

Danuvius-Brunnen, 1869 von J. Meixner, Wien I., Albertinaplatz

Die beiden Pylonen vor der Karlskirche in Wien sind der Trajanssäule in Rom nachempfunden. Die Spiralbänder mit den Reliefs zeigen jedoch das Leben und Wirken des heiligen Carl Boromäus, aber keine Hinweise auf Waffentaten Karls VI. oder auf Schiffsbauten, wie es auf dem antiken Vorbild in Rom der Fall ist

Anhang

Text, Rekonstruktionen, Zeichnungen, Modellphotos und Modellbau von Kurt Schaefer, Pressbaum

Bildnachweis

Archiv Heinrich Zwicker, Kustos des Brigittenauer Heimatmuseums (112 alle Abb.); Historisches Museum Budapest (96); Historisches Museum der Stadt Wien (67 unten, 80, 88 rechts oben); Historisches Museum der Stadt Wien, Löschenkohl, N/70, IN 15007, Mappe 760 (27 rechts); Historisches Museum der Stadt Wien, 18721, Mappe 781(28 links oben); Museo Nazionale Rom (15 oben); Österreichische Nationalbibliothek (27 Mitte, 36 oben, 53 rechts, 84 rechts oben, 114 links); Pratermuseum Wien (109); K. Schmedes, Mitteilungen aus dem Gebiete des Seewesens (57); Technisches Museum Wien (99)
Alle anderen Abb. Archiv des Autors

Quellen, Literatur

Altes und Neues Wien, 2. Teil, P. M. Fuhrmann, 1739

Archiv der NÖ. Landesregierung, Bericht von 1798, Index 19, Faszikel 11, Nr. 15263 (Einreichungsprotokoll)

Archiv der Stadt Wien, Grundbuch 106/14

Archiv der Technischen Universität Wien, Prot.Nr. 372 de 1834, Priv.Reg.Nr. 1197

Buch der Erfindungen. Gewerbe und Industrien, Bd. VI, hrsg. v. R. Reuleaux, Leipzig/Berlin 1887

DDSG-Reiseführer von 1907, Wien o.J.

G. Guggitz, Reise von Glogau nach Sorrent über Breslau, Wien, Triest, Venedig, Bologna, Florenz, Rom und Neapel, Bd. 1, Benkowitz/Berlin 1803

Hans Halm, Österreich und Neurußland 1718-80, 1. Bd., Breslau 1943

Haus-, Hof- und Staatsarchiv Wien, 1764-1815, Bd. III, Nr. 73/1780 Türkei KK

Hofdekret vom 19. 7. 1790, Bd. I, S. 74, Leopold II., Aufhebung der Strafe des Schiffziehens

Hofkammerarchiv Wien, Akt vom 21. 11. 1766, Fasc. 833, Nr. 56, S. 723

Hofkammerarchiv Wien, Fasc. 833, Nr. 56, S. 1019-1023

Hofkammerarchiv Wien, Karte F 329

Kleine Wiener Memoiren und Wiener Dosenstücke, Bd. II/115, München: Gräffer 1922

Klosterneuburger Heimatmuseum, Karte der Weinhöfe

Kriegsarchiv Wien, Hofkriegsrat 1787, 54-184

Kriegsarchiv Wien, Mem. 15/43, 62, H.K.R. 1788/91, Mem. 15/1764, Kartensammlung BIII b 32, Mem. 15/1684

Otto Meißinger, Die historische Donauschiffahrt, Melk/Wien 1975

Memorabilien des österreichischen Kaiserstaates oder Taschenbuch zur Rückererinnerung an die merkwürdigsten vaterländischen Ereignisse, 1825

W. Michelis, Geschichte der Schiffahrt Rhein und Donau, unvergessene Dampfschiffahrt

E. Neweklowsky, Ruderschiffahrt und Flößerei auf der oberen Donau, Linz: OÖ. Landesverlag, Bd. 1 (1952), Bd. 2 (1954), Bd. 3 (1964)

Österreichischer Beobachter, 26. April 1817, S. 604

Österreichischer Beobachter, 1818, S. 1216

Österreichischer Beobachter, 1818, S. 1583

Perchtoldsdorfer Türkenmuseum, Geschichte der Gesandtschaftsfahrten

J. Richter, Eipeldauer-Briefe, (1785-1803)

Anton Schachinger, Das kaiserlicher Waldamt und die Herrschaft Purkersdorf

Kurt Schaefer, Die Donaufregatte THERESIA 1768-91. Geschichte und Modellbau, Schiffahrtsmuseum Spitz/Donau 2000

Kurt Schaefer, Zimmermannskunst, Schiffbaukunst, dargestellt an historischen Donauschiffen, Diss. (TU Wien), Wien 1983

Schloßmuseum Greillenstein, Gesandtschaft 1628 des Grafen Kuefstein

K. Schmedes, Mitteilungen aus dem Gebiete des Seewesens, 1914

F. Slezak, Mattäus Hepp 1719-79, in: Mainzer Zeitschrift 66, 1971

H. Spitteler: Die Donau. Ein Strom der Römer, o.O. o.J.

Stellung-Michaud, Les Aventures de M. de St. Saphorin sur de Danube, Paris 1933

Stiftsarchiv Klosterneuburg, Kart. 159, Fol. 96, Nr. 75; Kart. 51, Nr. 10

Verkehrsmuseum Budapest, Batthyani's Schiffbau

Verordnung der NÖ. Landesregierung vom 26. 9. 1803, Bd. XX, S. 90, Franz I.

Wiener Diarium, Nr. 1351 (1716)

Wiener Diarium, Nr. 31, 16. April 1768

Wiener Geschichtsblätter, Jg. 13-16, S. 275

Wiener Stadtarchiv, G 216, Bd. 1-6, Portheim Katalog, Wurzbach Katalog

Wiener Zeitung, Nr. 39, 14. Mai 1783

Wiener Zeitung, 16. Oktober 1784

Wiener Zeitung, Nr. 70, 3. September 1792

Wiener Zeitung, 19. September 1798

Fachbezeichnungen

(Begriff in Klammer nur bei Donaukriegsschiffen nach 1819)

Donauschiffe	Seeschiffe
Nau, Boden	Schiff, Boot
Rechts, links	Steuerbord, Backbord
Gransl, Kranzl, vorne	Bug, Vorschiff, Back
Stoir, Steuer, hinten	Heck, Spiegel, Stern, Achtern
Gransl-Stock	Vordersteven
Steuer-Stock	Achtersteven
Timon, Steuer, Naukehrl	Ruder
Vordere Bäume, hintere Bäume (Brechruder) (Kehrruder)	
Ruder	Riemen
(Dollen)	Dollen
Ruderbänke (Touften)	Duchten
Bodenstreu, (Pliksboden)	Gräting, Plichtboden
Kipfen	Spanten
Wurzelkipf, Hörndl	Auflanger
Schamel	Bodenwrange, Lieger
Laden, Bäume	Planken, Berghölzer
Schoppen (kalafatieren)	Kalfatern
Seile, (Leindl)	Tauwerk
Knopf, Klang, Stich, Ring	Knoten, Schlag, Stek, Törn
(Csarmuken)	Wanten
(Segelaufziehleindl)	Fall
(Segelflugleindl)	Geitau, Gording
Büffel, Stiefel	Poller
(Flasche)	Block
(Lavierleindl)	Schot

Donau-Schiffstypen

(Hauptgruppen, ohne Zwischentypen)

Bezeichnung	Merkmal	Anmerkung
Zillen	Gransl und Stoir spitz	unabhängig von Schiffsgröße
Stockzillen	Gransl mit senkrechtem Stock	Stoir spitz oder kurzer waagrechter Stock
Plätten	Gransl und Stoir breit	unabhängig von Schiffsgröße
Spitzplätte, Trauner	Gransl spitz, Stoir breit	
Stockplätte	Gransl mit senkrechtem Stock	Stoir waagrecht, breiter Stock

Curriculum Vitae

Am 16. September 1922 als Sohn des malerisch begabten Tierarztes Dr. Gustav Adolf Schaefer, einem gebürtigen Hermannstädter, und der musikalischen Lehrerin Editha, geborene Gauf aus Wien, in Wien III., Hießgasse 15/14 geboren.

Nach Absolvierung der Pflichtschule trat ich in das Realgymnasium Wien III., Hagenmüllergasse 30 ein, wo ich 1941 die Matura ablegte.

Mein Interesse für das Wasser, seine Tiere und Schiffe wurde durch viele Reisen, die meine naturliebenden Eltern mit meiner vier Jahre älteren Schwester und mir an die Adria unternahmen, geweckt und später durch Eigeninitiative vertieft.

1941 zum Reichsarbeitsdienst, dann zur deutschen Wehrmacht als Bordfunker auf FLB 410 (Flugsicherungsboot) mit seemännischer Ausbildung eingerückt. Ab 1945 als Gehilfe in der ehemaligen Jachtwerft Abeking und Rasmussen (heute Frauscher) in Gmunden am Traunsee tätig, woher meine Kenntnisse im Holzschiffbau stammen.

1946 Beginn des Architekturstudiums an der Technischen Hochschule Wien, das ich erst 1954 mit der Diplomprüfung abschließen konnte. Die Länge des Studiums erklärt sich mit sehr intensiven Nebenbeschäftigungen, die letztlich zu dieser Arbeit führten.

Bootskonstruktionen, die Weiterentwicklung meines 1942 begonnenen Unterwasserkamera-Systems ermöglichten mir die Teilnahme an mehreren Forschungsunternehmen wie z.B. Pfahlbauforschungen in österreichischen Alpenseen 1949–1951 und einer Unterwasser-Expedition der Universität Wien 1952.

Meine berufliche Laufbahn führte durch mehrere Architekturbüros und umfaßte alle einschlägigen Tätigkeiten und ausgefallene Arbeiten wie z.B. der Entwurf für ein Unterwasser-Haus.

Seit 1959 verheiratet mit Maria, geborene Nirschl, aus Pressbaum, NÖ.

Mit 31. Dezember1982 endete meine aktive Berufstätigkeit. Die vor Jahren begonnene Dissertation über historischen Holzschiffbau an der Donau konnte ich nun an der Technischen Universität Wien bei Prof. Dr. Hiesmayr (Architektur) und Prof. Dr. Schwaneke (Schiffbau) fertigstellen. Am 11. November 1983 Rigorosum mit Auszeichnung. 16. Dezember 1983 Promotion zum Dr. techn.

Meine weiteren Arbeitsgebiete umfassen mehrere Publikationen in Fachzeitschriften, Schriftenreihen für Museen, die Mitarbeit an Ausstellungskatalogen, Ausstellungen, Museumsgestaltung, den wissenschaftlichen Modellbau, Schiffsrekonstruktionen und die Ergänzung der bisherigen Forschungen.

Die weitere intensive Modellbauarbeit für das Schiffahrtsmuseum Spitz/Donau brachte mir mit dem Modell der Donaufregatte THERESIA eine der größten Auszeichnungen in London: The Maze Challenge Cup und eine Goldmedaille.

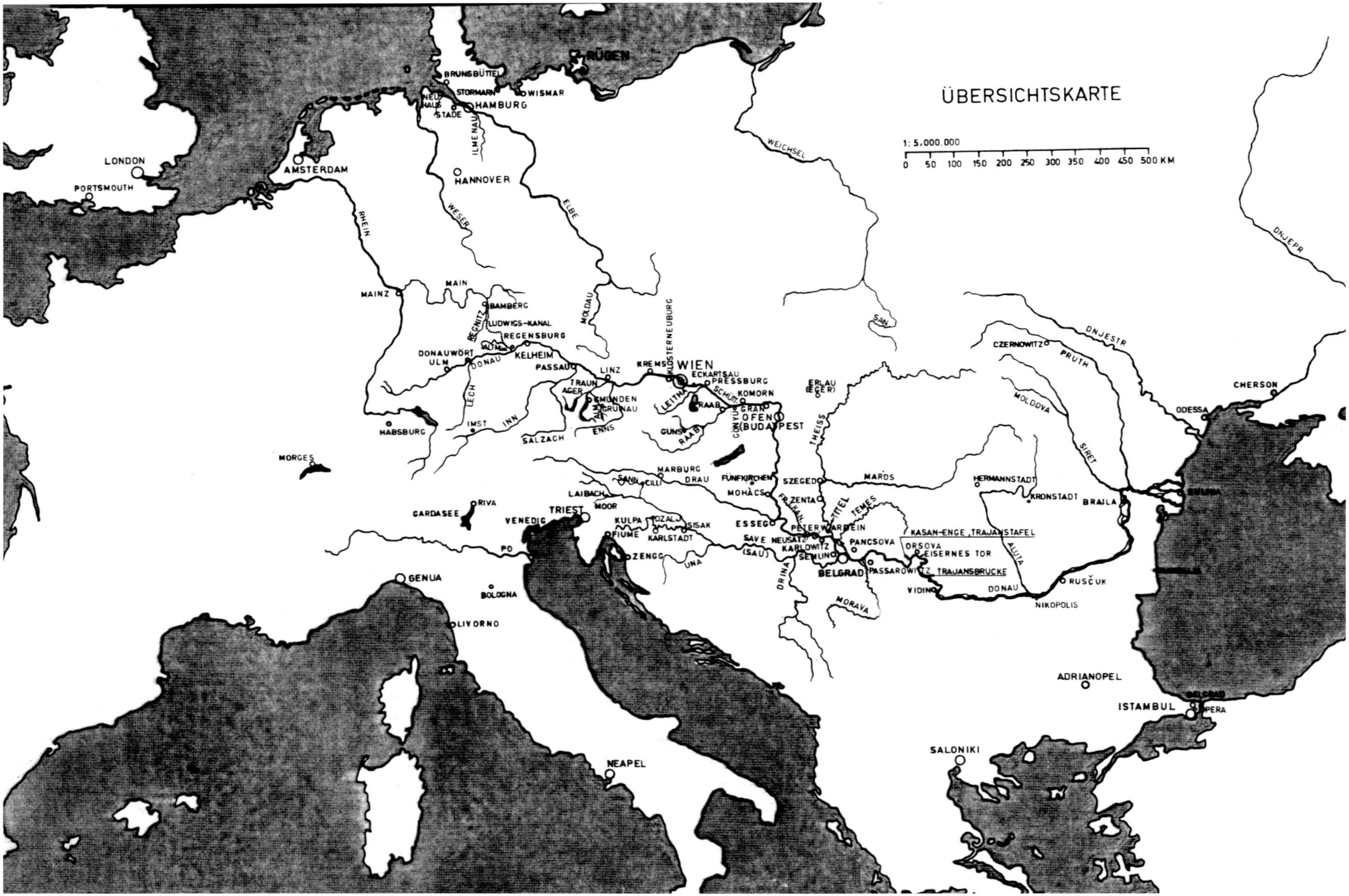

Übersichtskarte mit allen für die historische Donauschiffahrt wichtigen Orten

Helmut Pemsel: Weltgeschichte der Seefahrt

Vom Einbaum zum Flugzeugträger – die umfassende Edition zu einem bedeutenden Teil der Menschheitsgeschichte

Zur Entwicklung der menschlichen Zivilisation hat die Seefahrt über die Jahrtausende hinweg einen bedeutenden Beitrag geleistet. Die Ufergebiete der Gewässer – egal ob an den Flüssen und Seen der Binnenländer oder an den Meeren gelegen – waren immer eine gute Basis für das Entstehen von Zivilisation und Kultur.
Helmut Pemsel – international anerkannter Marinehistoriker – setzt mit seinem Werk am Beginn der zivilen Schiffahrt mit primitiven Booten in prähistorischer Zeit an und endet mit den strategischen Einsätzen von hochmodernen Kriegsschiffen und Flugzeugträgern am Beginn des 21. Jahrhunderts. Dazwischen liegen mehr als zwölf Jahrtausende ziviler und militärischer Seefahrt, die vor dem Leser in einem faszinierenden Panorama ausgebreitet werden.

Editionsplan:

Band 1: Geschichte der zivilen Schiffahrt. Von den Anfängen der Seefahrt bis zum Ende des Mittelalters (2000 erschienen)
Band 2: Geschichte der zivilen Schiffahrt. Vom Beginn der Neuzeit bis zum Jahr 1800 mit der Frühzeit von Asien und Amerika (2001 erschienen)
Band 3: Geschichte der zivilen Schiffahrt. Von 1800 bis 2000. Die Zeit der Dampf- und Motorschiffahrt (erscheint 2002)
Band 4: Biographisches Lexikon. Teil I: Admirale, Seehelden, Kapitäne, Teil II: Seefahrer, Reeder, Ingenieure (erscheint 2003)
Band 5: Seeherrschaft. Seekriege und Seepolitik von den Anfängen bis 1850 (erscheint 2004)
Band 6: Seeherrschaft. Seekriege und Seepolitik von 1850 bis 2004 (erscheint 2005)

Subskription
Der NWV bietet Ihnen die **Weltgeschichte der Seefahrt** zur Vormerkung an. Sie bestellen die beiden erschienenen Bände und geben an, daß Sie das Subskriptionsangebot **Weltgeschichte der Seefahrt** annehmen.

- 10% Subskriptionsrabatt auf alle 6 Bände
- Erhalt der neuen Bände unmittelbar nach ihrem Erscheinen
- Garantie, die Edition komplett zu haben

Bd. 1:
Geschichte der zivilen Schiffahrt
Von den Anfängen der Seefahrt bis zum Ende des Mittelalters

Pemsel bietet im ersten Band der Geschichte der zivilen Schiffahrt zunächst einen genauen Überblick über die Anfänge und Spuren der prähistorischen Seefahrt bis etwa 500 Jahre vor unserer Zeitenwende. Anschließend wendet er sich der Beschreibung des Seewesens der frühen Hochkulturen in Ägypten, Mesopotamien und dem östlichen Mittelmeer zu. Die zivile Schiffahrt während der griechischen und römischen Antike folgt.
Mit dem Zusammenbruch des römischen Imperiums ändern sich auch die Rahmenbedingungen in der Schiffahrt: neue Völker – Araber, Germanen, Wikinger – treten in den Gesichtskreis der Geschichte. Sie bestimmen für die nächsten Jahrhunderte die zivile Schiffahrt in Europa.
Das Seewesen zwischen dem 11. und dem 15. Jahrhundert, geprägt von den italienischen Stadtrepubliken, den Kreuzzügen, dem Aufbruch in Westeuropa und der deutschen Hanse, schließt den Band ab, der in keinem Bücherregal fehlen darf.

450 Seiten, gebunden mit Schutzumschlag
ISBN 3-7083-0021-1 (für Österreich)
ISBN 3-7822-0821-8 (für Deutschland bei Koehler, Hamburg)
€ 40,-

Bd. 2:
Geschichte der zivilen Schiffahrt
Vom Beginn der Neuzeit bis zum Jahr 1800 mit der Frühzeit von Asien und Amerika

Der Autor nimmt den Faden der Entwicklung der zivilen Schiffahrt erneut auf und beschäftigt sich zunächst mit den Verhältnissen im Indischen Ozean und Ozeanien vor 1500, wechselt in die Meere um den amerikanischen Kontinent, wobei er sich zunächst mit der zivilen Schiffahrt in vorkolumbianischer Zeit auseinandersetzt.
Einen Schwerpunkt bildet die Zeit der Entdecker und Abenteurer, die entscheidend von Portugal und Spanien geprägt wurde. Einprägsam breitet der Autor den detailreichen Teppich der Handelsschiffahrt in der Frühen Neuzeit vor dem Leser aus: die spanische Silberflotte pendelt zwischen Amerika und Europa, die niederländischen und englischen Ostindienfahrer bringen die Schätze Asiens in unsere Regionen, auf den Flüssen und Seen Europas verkehren die Kaufleute aus aller Herren Länder.
Daneben webt der Autor aber auch das Bild der ökonomischen Entwicklung bis zum Jahr 1800, die entscheidend von der Seefahrt geprägt worden ist. Der zweite Band enthält wie Band 1 umfangreiches Kartenmaterial, einen umfangreichen Anhang und ein detailliertes Stichwortverzeichnis.

452 Seiten, gebunden mit Schutzumschlag
ISBN 3-7083-0022-X (für Österreich)
ISBN 3-7822-0834-X (für Deutschland bei Koehler, Hamburg)
€ 42,-

Erich Gabriel
Säbel, Degen, Dolche
Die Seitenwaffen der österreichischen und österreichisch-ungarischen Kriegsmarine

In den ersten Jahrzehnten des 19. Jahrhunderts, als die Seitenwaffen ihre mitentscheidende Funktion für ein Seegefecht bereits verloren hatten, wurden sie in der österreichischen Kriegsmarine mit dem Marine-Offizierssäbel M 1827 erstmals verbindlich eingeführt.
Dr. Erich Gabriel – langjähriger Mitarbeiter im Heeresgeschichtlichen Museum Wien – beschreibt die verschlungenen Pfade, bis im Reich der Habsburger für die Offiziere und Mannschaften seiner Marine normierte Seitenwaffen in Verwendung kamen.
Neben den Seitenwaffen für die Offiziere und Mannschaften wirft der Autor detaillierte Blicke auf die Seitenwaffen der Beamten und Angestellten der Kriegsmarine, die Seitenwaffen der Zöglinge der k. u. k. Marineakademie sowie auf die Bord- und Enterwaffen der k. k. Kriegsmarine.
Durch die fachliche Kompetenz des Autors und eine Vielzahl von Abbildungen wird das Buch zu einer wahren Fundgrube für jeden Marineinteressierten und Sammler von Seitenwaffen.

155 Seiten, gebunden mit mehr als 100 Abb.
ISBN 3-7083-0001-7 (für Österreich)
ISBN 3-8132-0780-3 (für Deutschland bei Mittler, Hamburg)
€ 72,50

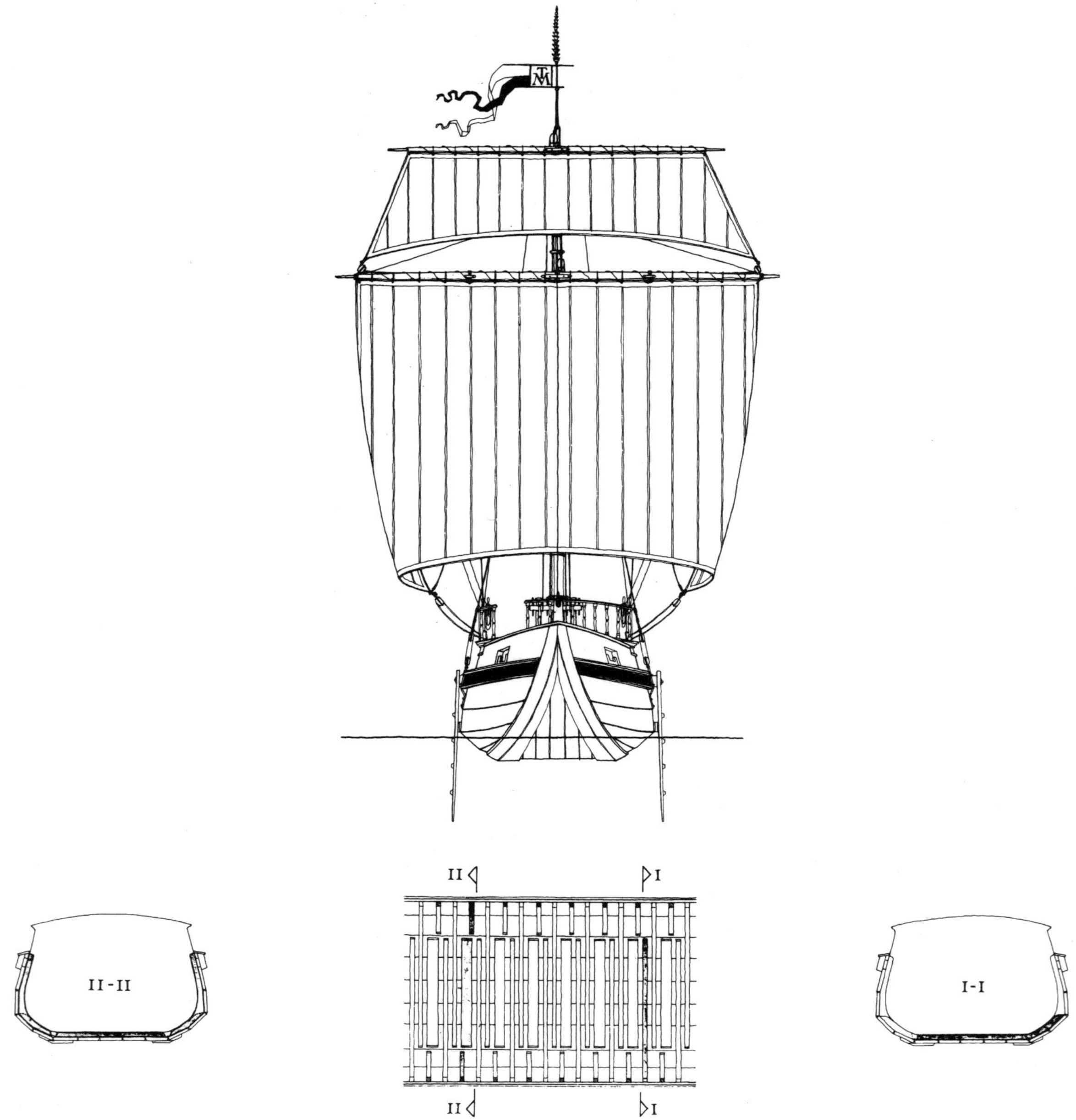
II
I
II
I
II - II
I - I